MANUEL DU RÉPARTITEUR

IMPRIMERIE TYPOGRAPHIQUE M. SOUCHIER, ROANNE

IMPOTS DIRECTS

MANUEL DU RÉPARTITEUR

---

*Petit Guide pratique définissant exactement
les Fonctions, les Attributions, les Droits et les Devoirs
des Répartiteurs*

PAR

Louis GALLET

ÉDITEUR, Vᵛᵉ COSTE, LE COTEAU (LOIRE)

—

1907

AVANT-PROPOS

Vers la fin du mois de janvier 19.., les habitants de la petite ville de XXX, en recevant leurs feuilles d'impôts, poussaient de violentes exclamations.

Certes, depuis longtemps on n'escompte plus de diminution dans les charges publiques, mais cette fois-ci la plaisanterie, nous voulons dire l'augmentation, dépassait les bornes : pour quelques-uns, elle se chiffrait par plusieurs centaines de francs !

D'où venait donc cette augmentation qui atteignait toute une ville ? Des centimes additionnels ? Pas du tout. D'une loi nouvelle qui modifiait tout le système fiscal ? Pas le moins du monde.

Mais alors ?

On accusa les répartiteurs.

Cependant quelques contribuables, plus touchés que les autres par l'augmentation, se réunirent et une ligue de défense fut fondée qui compta bientôt de nombreux adhérents. Le bureau examina d'où provenaient les augmentations et s'aperçut bien vite qu'elles n'étaient pas le fait des répartiteurs. Il résolut alors de défendre ces derniers contre les accusations dont ils étaient l'objet de la part du public : mais c'était plus commode à concevoir qu'à réaliser.

Il fallait, pour arriver à un résultat, connaître exactement les attributions des répartiteurs. La ligue résolut ce problème, mais ce ne fut pas sans peine, car on ne trouve aucun ouvrage spécial aux répartiteurs : il fallut acheter une véritable bibliothèque et étudier, en même temps que de nombreuses réclamations, les droits et les fonctions de ces agents de répartition.

Ce fut l'affaire de quelques mois : aujourd'hui, les répartiteurs de la commune connaissent leurs droits et leurs devoirs, et lorsqu'ils se réunissent ils peuvent discuter avec les agents de l'administration.

Nous avons pensé que les répartiteurs de toutes les communes de France seraient heureux de profiter de l'expérience acquise. C'est pourquoi nous avons cru devoir condenser, à leur intention, les conférences que nous avons faites à ceux de notre ville, dans un petit livre qui, par son prix réduit, serait à la portée de tout le monde.

Nous espérons que le public lui fera bon accueil ; ce sera la récompense de

L'AUTEUR.

INTRODUCTION

Répartiteurs.

Les répartiteurs sont des citoyens nommés chaque année pour répartir, entre les contribuables d'une commune, le chiffre d'impôts assigné à cette commune et que l'on nomme contingent.

Leurs attributions varient selon la nature des impôts : tantôt ils sont chargés de la répartition, avec l'assistance du contrôleur des contributions directes, qui n'intervient alors que pour la rédaction du travail matériel, et tantôt ils agissent de concert avec lui, c'est-à-dire à attributions égales.

Dans d'autres circonstances, ce sont eux qui assistent le contrôleur dont les fonctions sont alors prépondérantes.

Parfois ils ne sont que des agents de renseignements. Et enfin, concernant certains impôts, ils n'ont pas à être consultés.

Pour bien saisir toute l'étendue des fonctions des répartiteurs, il faut donc, au préalable, connaître, tout au moins dans ses grandes lignes, le fonctionnement de notre système fiscal.

Bien entendu, nous ne voulons pas entreprendre ici une étude complète de nos contributions directes. le cadre de cet ouvrage ne nous le permet pas et nous ne voulons pas fatiguer le lecteur par de trop longues explications; nous nous bornerons seulement à une étude sommaire de l'organisation de nos contributions; autrement dit nous voulons, afin de bien définir les attributions des répartiteurs, examiner aussi succinctement que possible le mécanisme des impôts français.

Nous avons cru devoir diviser cet ouvrage en deux parties :

Dans la première partie. nous étudierons chacun de nos impôts séparément. y compris les taxes assimilées.

Puis, dans la deuxième partie. après avoir examiné les conditions de nomination, les obligations, les dispenses, en un mot après avoir défini d'une manière générale la nature des fonctions des répartiteurs, nous étudierons en quoi consistent leurs attributions concernant chaque impôt et chaque taxe assimilée. séparément.

PREMIÈRE PARTIE

Impôts.

Les impôts ou contributions peuvent être comparés à la cotisation payée par les membres d'une société pour subvenir aux dépenses de l'association. Mais, contrairement aux primes des assurances et aux cotisations des sociétés, cette redevance, moyennant laquelle l'Etat assure les personnes contre les risques du désordre et fait face à toutes les dépenses d'intérêt public, est obligatoire.

Il y a, en France, deux sortes d'impôts :

Les impôts directs,
Et les impôts indirects.

Les impôts directs sont ceux que le contribuable paie directement à l'Etat par l'intermédiaire du percepteur, tels que l'impôt foncier, la patente, etc.

Les impôts indirects sont ceux qui frappent les marchandises, et que celui qui les avance à l'Etat récupère en augmentant le prix des denrées qu'il vend, de sorte, qu'en fin de compte, c'est le consommateur qui supporte l'impôt.

Les impôts indirects ne rentrant pas dans les attributions des répartiteurs, nous n'en dirons pas davantage à leur sujet.

Impôts directs.

Les impôts directs, ou contributions directes, sont au nombre de quatre :

L'impôt foncier ;
L'impôt personnel mobilier :
L'impôt des portes et fenêtres :
Et l'impôt des patentes.

L'impôt foncier, ou contribution foncière, se divise en deux catégories bien distinctes et absolument indépendantes, qui sont :

La contribution foncière des propriétés non bâties,

Et la contribution foncière des propriétés bâties.

L'impôt personnel-mobilier se divise également en deux parties :

L'impôt personnel,

Et l'impôt mobilier.

A la suite de ces quatre contributions, il convient d'indiquer :

1° *Les centimes additionnels* pouvant être établis sur le principal des contributions directes et sur certaines taxes :

2° *Et les taxes assimilées aux contributions*

directes, qui sont actuellement au nombre de quarante.

Nous étudierons en détail chacune de ces contributions, mais avant d'entreprendre cette étude il nous faut parler des deux principales divisions de notre législation fiscale, divisions si essentielles qu'elles dominent, on peut le dire, tout le système.

Les contributions directes se divisent, en effet, en deux catégories. *les impôts de répartition et les impôts de quotité*.

I. — Impôts de répartition.

Les impôts de répartition sont ceux dont le total. fixé d'avance par la loi, est réparti ensuite entre les départements, les arrondissements, les communes et les contribuables.

Ce système établit une véritable solidarité entre tous les contribuables d'une même commune, car le chiffre fixé à l'avance doit rentrer dans les caisses du Trésor: celui-ci ne peut rien perdre, et si des cotes individuelles ont été mal établies, le montant des dégrèvements est réimposé l'année suivante sur les autres contribuables. On verra plus loin qu'il n'en est pas de même pour les impôts de quotité.

On distingue *quatre degrés de répartition*.

Premier degré. — Chaque année, la loi de finances, en même temps qu'elle fixe la somme que les impôts de répartition doivent rapporter au Trésor, détermine le contingent à fournir par chaque département: c'est le premier degré, et la somme ainsi assignée au département prend le nom de contingent départemental.

Deuxième degré. — Le contingent départemental est ensuite réparti entre les arrondissements par le Conseil général : c'est le deuxième degré, et ce nouveau contingent, subdivision du premier, s'appelle contingent d'arrondissement.

Le Conseil général prononçant sur les réclamations élevées par les Conseils d'arrondissement de son département, la session ordinaire de ces derniers Conseils a été divisée en deux parties: la première a lieu avant la session du Conseil général et l'autre après.

Dans la première partie de leur session, les Conseils d'arrondissement formulent leurs réclamations sur lesquelles le Conseil général statue.

Troisième degré. — Dans la deuxième partie de sa session, chacun des Conseils d'arrondissement fait, entre les communes de son ressort, la répartition du contingent de son arrondissement, tel que l'a fixé le Conseil général : ce qui forme le troisième degré de répartition.

Quatrième degré. — La somme affectée à chaque commune ou contingent communal, est enfin répartie entre les contribuables par la commission des répartiteurs : la cotisation imposée ainsi à chaque contribuable forme le quatrième et dernier degré de répartition.

Cette cotisation est le *contingent individuel,* qu'on désigne dans la pratique sous le nom de *cote* (cote personnelle, cote mobilière, cote foncière), qu'on devrait écrire *quote,* car il signifie quote-part. Mais le mot cote, ainsi dénaturé, est admis aujourd'hui.

Le quatrième degré de répartition constitue, on le comprend maintenant, le travail des répartiteurs ; comme il forme tout le but de ce petit ouvrage, nous l'étudierons bien en détail dans la deuxième partie.

Les trois premiers degrés seraient également intéressants à étudier, mais ils nous entraîneraient à des longueurs, compliqueraient forcément ce livre et le rendraient confus. C'est pourquoi nous avons cru ne pas devoir sortir du petit cadre que nous nous sommes tracé ; si nous avons esquissé à grands traits le mécanisme de ces divers degrés de répartition c'est uniquement afin de rendre notre travail plus clair.

Mécanisme de la répartition.—Exemple.

Afin de bien saisir la nature et le mécanisme des impôts de répartition, prenons un exemple :

Supposons une commune de l'arrondissement de Villefranche (Rhône), ayant une population de 2.000 habitants dont 500 contribuables imposés à la contribution mobilière (1).

Admettons ensuite que la loi de finances ait fixé à 120 millions pour cette année le chiffre de la contribution mobilière, et que sur cette somme elle ait assigné 3 millions au département du Rhône, ces 3 millions forment le contingent départemental.

Le conseil général de ce département décide que sur ces 3 millions, 2 millions seront à la charge de l'arrondissement de Lyon et 1 million à la charge de l'arrondissement de Villefranche : ce sont les deux contingents d'arrondissement.

Le conseil d'arrondissement, réuni ensuite pour la deuxième partie de sa session, assignera à chaque commune de son ressort la part qu'elle doit supporter dans le million en question.

Si pour notre commune la part de ce million est fixée à 10.000 francs, c'est ce chiffre (contingent communal) que les répartiteurs auront à répartir entre les 500 contribuables de la commune en question.

Bien entendu, il ne s'agit pas de distribuer cette

____

(1) Nous verrons plus loin qu'il n'y a pas de contingent mobilier proprement dit ; les contingents de cet impôt sont confondus avec ceux de l'impôt personnel.

somme proportionnellement au nombre des contribuables, ce serait contraire à la justice et à l'équité et il n'y aurait pas besoin de répartiteurs ; le plus modeste employé de sous-préfecture ou des contributions directes pourrait alors faire ce travail 10.000 : 500 = 20.

Il faut répartir cette somme de 10.000 francs entre les 500 contribuables, proportionnellement aux facultés de chacun ; et de même que le contingent départemental assigné au département du Rhône est plus élevé que celui assigné à un département plus pauvre (les Hautes-Alpes, par exemple), que le contingent mis à la charge de l'arrondissement de Villefranche n'est que de un million alors que celui de l'arrondissement de Lyon, beaucoup plus riche et plus populeux est, d'après nos suppositions, de deux millions, de même les répartiteurs devront demander moins aux uns et plus aux autres, selon leur fortune présumée (1).

Eléments de répartition. — Règles étroites. — Est-ce à dire que les répartiteurs aient ici toute latitude, puissent fixer la fortune présumée de

----

(1) Bien entendu tous les chiffres ci-dessus sont pris au hasard ; nous n'avons pas voulu donner au lecteur des contingents que nous ne connaissons pas, mais seulement lui faire comprendre par des chiffres ce qu'on ne peut expliquer autrement d'une façon bien concrète.

chacun selon leur bon plaisir et assigner ainsi à chacun la somme d'impôt qu'il leur plairait? C'eût été l'arbitraire : les divers partis politiques, en arrivant au pouvoir tour à tour, n'auraient pas manqué de faire de la répartition un moyen d'oppression contre leurs adversaires.

Aussi le législateur, dans sa sagesse, n'a-t-il pas manqué de fixer les éléments de la répartition et d'émettre des règles très étroites dont les répartiteurs ne peuvent s'écarter.

Nous examinerons ces règles dans la deuxième partie de cet ouvrage.

II. — Impôts de quotité.

Les impôts de quotité sont perçus en vertu de tarifs, et les revenus totaux qu'ils produisent sont variables et, en tous cas, inconnus à l'avance. Ils sont donc l'opposé des impôts de répartition dont le total est fixé d'avance et dont le tarif à la base est, par suite. variable.

Premier exemple. — Veut-on un exemple ? Tous les impôts indirects sont des impôts de quotité : le revenu qu'ils fournissent au Trésor varie suivant l'étendue de la consommation dans l'année.

Deuxième exemple. — Un autre exemple pris cette fois dans les impôts directs. La contribution des patentes est aussi un impôt de quotité : le revenu qu'elle fournit augmentera si un grand nombre de commerçants s'établit dans l'année ou si les commerçants déjà établis donnent de l'extension à leur commerce en agrandissant leurs magasins, créant des succursales, etc. ; il diminuera, au contraire, par suite de nombreuses faillites ou cessations de commerce.

Ces divers impôts pourront, bon an mal an, produire un revenu sensiblement égal : l'augmentation sur une région compensant parfois la perte d'une autre, mais ici le législateur ne fixe pas à l'avance le chiffre qui doit rentrer dans les caisses du Trésor : il établit les tarifs et ces bases produisent des sommes indéterminées que l'on ne peut faire figurer dans les budgets que par des probabilités d'encaisse.

III. — Conséquences.

De cette grande division résultent des conséquences très importantes :

1° Réimpositions. — Non-valeurs. — Dans l'impôt de répartition comme, en principe, aucune perte ne peut être subie par le Trésor, si, dans une commune, des cotes ont été mal établies, si, à la suite de réclamations, des décharges ou réductions ont été accordées, le déficit est réparti l'année sui-

vante entre les contribuables de la commune, tandis
que pour l'impôt de quotité les cotes mal établies
tombent en non-valeurs.

2° Faits existants au 1er janvier.— Réimposition.
— Le principal caractère des impôts de répartition
est de reposer sur l'ensemble des faits existants au
1er janvier de l'année qui donne son nom à l'exercice. On ne peut donc, pour ces impôts, revenir
sur l'année antérieure, ni tenir compte des faits qui
surviendront dans le courant de l'année en cours.

Pour certains impôts de quotité, au contraire (les
patentes, par exemple), on peut, par rôle supplémentaire, imposer un contribuable qui s'établit dans le
courant de l'année, de même qu'en cas de cessation
de commerce, par suite de faillite déclarée ou de
décès, l'impôt n'est dû que pour le passé et le mois
courant.

3° Répartiteurs. Attributions différentes. —
Enfin, alors que pour les impôts de répartition, la
valeur locative des locaux occupés par les contribuables est fixée par le Conseil de répartition, ce
Conseil n'intervient qu'à titre consultatif dans la
détermination des éléments servant de base aux
impôts de quotité.

Logiquement, lorsqu'il n'y a pas de répartition
à faire, il semblerait que point n'est besoin de
répartiteurs.

Mais on verra qu'il n'en est pas ainsi dans la pratique, et que, si les répartiteurs n'ont pas les mêmes attributions qu'en matière d'impôts de répartition. ils doivent cependant être consultés en ce qui concerne la plupart des impôts de quotité.

IV. — Division.

Maintenant que nous avons vu la différence qui existe entre ces deux catégories d'impôts et les conséquences qui en résultent. hâtons nous de classer les impôts directs dans chacune d'elles.

Sont actuellement (1) *impôts de répartition :*

1⁰ La contribution foncière des propriétés non bâties ;

2⁰ La contribution personnelle et mobilière :

3⁰ La contribution des portes et fenêtres (2).

Sont actuellement *impôts de quotité :*

1⁰ La contribution foncière des propriétés bâties ;

2⁰ La contribution des patentes :

3⁰ Toutes les taxes assimilées.

---

(1) Nous disons actuellement car la nature de ces impôts a souvent varié.

(2) Seule la contribution foncière des propriétés non bâties est un impôt de répartition dans toute l'acception du mot ; la contribution personnelle et mobilière et celle des portes et fenêtres ont un caractère mixte.

IMPOT FONCIER

La contribution foncière est un impôt sur les revenus des terres et des maisons.

Division. — Répartition et quotité. — Jusqu'en 1890 cet impôt ne formait qu'une catégorie et était impôt de répartition; mais à la suite de diverses études reprises avec activité pour la péréquation (1) de l'impôt, la loi du 8 août 1890 divisa la contribution foncière en deux parties : propriétés non bâties et propriétés bâties, et transforma cette deuxième partie en impôt de quotité.

Les règles relatives à la répartition ne s'appliquent donc plus aujourd'hui, pour le foncier, qu'aux propriétés non bâties, c'est à-dire aux immeubles libres de toutes constructions et au sol sur lequel reposent les constructions.

----

(1) On appelle péréquation une répartition plus exacte, plus proportionnelle.

CHAPITRE PREMIER

—

CONTRIBUTION FONCIÈRE DES PROPRIÉTÉS NON BATIES

—

Cet impôt est l'impôt de répartition par excellence, en ce sens que contrairement à la contribution personnelle et mobilière et à l'impôt des portes et fenêtres, il n'est pas combiné d'éléments divers.

Assiette. — Sa répartition entre les contribuables n'est, du reste, pas faite arbitrairement ; elle doit avoir lieu au marc le franc des évaluations cadastrales.

Cadastre.

Le cadastre est l'état descriptif des parcelles qui composent la propriété foncière en France, avec l'estimation du revenu imposable de chacune d'elles.

Autrement dit, chaque parcelle de terrain est numérotée, désignée, arpentée, classée et estimée en revenu.

Nous n'entreprendrons pas de faire la genèse de ce travail colossal qui, commencé en 1807, n'a été terminé qu'en 1852 ; nous nous bornerons seulement à expliquer en quoi il consiste et l'application qui en est faite.

Confection. — Nous n'entrerons pas non plus dans le détail de sa confection : *délimitation, triangulation, arpentage, classification, classement et évaluation :* l'étude de toutes ces opérations, avec les mots techniques qu'elle comporte forcément, nous entraînerait trop loin et surchargerait inutilement notre travail.

Nous nous bornerons à expliquer de quoi se compose aujourd'hui le cadastre et l'application qui en est faite.

Le cadastre se compose de trois registres qu'on trouve dans la mairie de chaque commune et dont un double exemplaire, ou plus exactement les minutes originaires, restent déposées au chef-lieu de département dans les archives du directeur des contributions directes, qui seul a qualité pour en délivrer des copies ou extraits (1).

___

(1) Chaque personne peut, à la mairie d'une commune, consulter, sans frais, les registres du cadastre et prendre des notes, mais seul le directeur des contributions directes a qualité pour délivrer des copies du plan ou des extraits certifiés des matrices cadastrales.

Plan. — Le premier de ces registres est le *plan cadastral* où chaque parcelle, figurée par sa forme géométrique réduite à une échelle qui est d'ordinaire de $\frac{1}{2500}$ et quelquefois de $\frac{1}{5000}$, est numérotée par section, jointe aux parcelles, chemins, rivières ou ruisseaux qui la limitent, de sorte que chaque feuille du plan donne la géométrie exacte d'une partie de la commune. Plusieurs feuilles réunies forment une des sections, désignées par une lettre alphabétique en commençant par le nord.

Un plan d'assemblage qui réunit les sections d'une même commune, réduites à une autre échelle, donne la configuration générale de la commune, avec les routes, rivières, etc.

Etat de sections. — Chaque parcelle est portée ensuite sur un registre appelé *état de sections*, où elle est désignée par la lettre de sa section, son numéro d'ordre, le nom du canton ou lieu dit où elle se trouve, sa nature, la classe où elle est affectée et enfin son revenu cadastral ou revenu imposable ;

Dans la pratique, on laisse prendre, à qui le désire, des décalques du plan cadastral et des extraits des matrices, mais c'est à titre de simple tolérance et ces pièces n'ont aucune valeur légale. Quant aux maires, ils ne doivent délivrer des extraits certifiés que dans un seul cas : celui concernant les échanges d'immeubles ruraux en vertu de l'article 2 de la loi du 3 novembre 1884.

elle porte également, sur ce registre, le nom du propriétaire auquel elle appartenait lors de la confection du cadastre.

Matrice cadastrale. — Enfin, le treizième registre est la matrice cadastrale, sorte de grand-livre où chaque contribuable foncier de la commune a un compte ouvert.

Sur ce registre, qui a beaucoup d'analogie avec le grand-livre des commerçants, on porte au compte de chaque propriétaire toutes les parcelles qu'il possède dans la commune avec leurs *numéro d'ordre, lieu dit, nature, contenance, classe et revenu imposable*.

On peut donc ainsi se rendre compte très facilement de ce que possède chacun des contribuables fonciers, et, en faisant les additions de deux colonnes, on a immédiatement la contenance totale et le revenu cadastral de ses propriétés.

Afin de faciliter l'intelligence des explications qui précèdent, nous donnons, à la page 25, un spécimen de la matrice cadastrale.

Lorsqu'une parcelle change de propriétaire par suite de vente, échange, donation, succession, partage, etc., la déclaration doit en être faite, à défaut de quoi l'immeuble peut rester au compte du propriétaire précédent qui est responsable des impôts de cet immeuble tant que le changement n'est pas opéré.

Spécimen de la matrice cadastrale.

Noms, Prénoms professions et demeures des propriétaires et usufruitiers	Année de la mutation		Section	Nos du Plan	Indication		Contenance imposable		Classe	Revenu	
	Entrée	Sortie			Des cantons ou lieux dits	De la nature de la propriété	Par parcelle	Totale		Par parcelle	Total
BOLLET (André) propriétaire à Confranchette	1865		C	361	Les Godardes	terre	H A C 1.07.24		3-4	15.04	
			»	182	Soblerette	vigne	3.10		2	1.27	
			»	115	Sous la Fay	vigne	4.12		2	1.35	
			B	640	Sous Plamont	pré	1.22.30	3.23.91	2	17.40	58.70
			A	213	Croix de la Dent	vigne	4.47		1	2.24	
			C	584	Confranchette	sol, bâtim¹. cour	2.26		1	1.28	
			»	432	Les Châtévières	vigne	80.42		1	20.12	

Ces changements s'appellent *mutations*.

Ils sont effectués d'ordinaire sur la déclaration des parties intéressées, par le percepteur et le contrôleur, qui ont chacun des attributions différentes et agissent sous la surveillance du directeur des contributions directes.

Ils peuvent aussi, dans certains cas, être faits d'office sur la signature des répartiteurs.

Nous exposerons, dans un appendice à la première partie de cet ouvrage, tout le travail auquel donnent lieu les mutations.

Application du cadastre à la répartition. — Dans la pensée du législateur de 1807, le cadastre devait servir de base aux quatre degrés de répartition.

Commissions différentes. — Revenus variables. — Mais on s'aperçut bientôt qu'il était impossible de faire servir à une répartition unique un travail fait par des agents différents et à des époques souvent éloignées; les estimations étaient trop variables.

Prenons un exemple : supposons deux communes ayant les mêmes natures de terrain, mais cadastrées à trente ans d'intervalle et, bien entendu, par des commissions différentes. Pensez-vous que le revenu cadastral attribué à chacune sera analogue ? Nullement.

A contenance égale (la qualité de terrain étant la même, nous le répétons), le revenu de l'une sera souvent beaucoup plus élevé que celui de l'autre (1).

Si on eût pris le revenu cadastral comme base d'une répartition unique, il serait arrivé ceci : c'est que dans ces deux communes on aurait payé, à valeur et à contenance égales, beaucoup plus d'impôts dans l'une que dans l'autre.

Répartition aux quatre degrés. — C'est pour obvier à cet inconvénient qu'on a maintenu les quatre degrés de répartition dont nous avons parlé plus haut.

Il était plus facile d'évaluer dans son ensemble, nous ne disons pas le revenu imposable de chaque département, mais la charge d'impôt qu'il pouvait supporter.

Les conseils généraux et les conseils d'arrondissements pouvaient ensuite répartir, d'une façon à peu près équitable, cette charge entre les divers arrondissements et les communes (2).

---

(1) On trouve des différences allant jusqu'au centuple, mais qui proviennent pour la plupart des changements survenus dans la matière imposable.

(2) Malgré le système de la répartition aux quatre degrés, la péréquation de l'impôt est loin d'être établie; on voit encore des immeubles d'un revenu identique imposés l'un de 35 centimes et l'autre de 40 francs. (Voir discours de M. Poincarré, ministre des Finances, à la Chambre des députés du 12 juillet 1906. *Journal Officiel* du 13 juillet 1906, pages 2314 et 2315).

Arrivé là, on pouvait, sans inconvénient, se baser sur l'évaluation du revenu cadastral.

Si le cadastre, tel qu'il existe, ne peut servir de base aux trois premiers degrés de répartition, rien ne s'oppose à ce qu'il assoie le quatrième.

Dans la commune, l'erreur sur l'estimation a moins d'importance : cette estimation a été faite par la même commission, vers la même époque ; par conséquent si le revenu est élevé, il l'est pour toutes les parcelles proportionnellement à leur valeur, et s'il est réduit tout le monde en profite (1).

Reprenons notre exemple de tout à l'heure : deux communes de contenance égale (1.000 hectares chacune par exemple) et de nature de terrains identique, mais cadastrées par des commissions et à des époques différentes. Le contingent foncier communal affecté à chacune d'elles est, nous le supposons, de 9.000 francs.

Mais, alors qu'une de ces deux communes (la commune A) est cadastrée pour un revenu imposable de 1.000 francs, soit 1 franc par hectare en moyenne, l'autre (la commune B) a, elle, un revenu

______

(1) Il en était ainsi du moins lors de la confection du cadastre, mais on verra plus loin que, par suite de la fixité des évaluations cadastrales et des changements survenus dans la matière imposable, on trouve aujourd'hui, parfois dans la même commune des différences sensibles. (Discours de M. Poincarré, loc. cit.).

cadastral de 3.000 francs, soit en moyenne 3 francs par hectare.

En faisant le *marc le franc*, ou pour nous servir du terme technique le *centime le franc* on trouvera les centimes suivants : (1).

Commune A, 9.

Commune B, 3.

Dans la commune A, le revenu par hectare étant 1 franc et le centime 9, chaque hectare paiera, en moyenne, comme impôt, 9 francs.

Dans la commune B, le revenu d'un hectare étant 3 francs et le centime 3, chaque hectare paiera aussi 9 francs d'impôt en moyenne (2).

Par où l'on voit qu'avec ce système, bien que

---

(1) On appelle *centime le franc*, le pourcentage, autrement dit le *quantum*, obtenu en divisant le contingent par le chiffre sur lequel doit avoir lieu la répartition.

Ce chiffre est ici le revenu cadastral total d'une commune ; pour l'impôt mobilier, c'est la valeur locative totale.

Le *centime* obtenu est le chiffre à payer par unité, c'est-à-dire par un franc de revenu cadastral, ou un franc de valeur locative.

(2) Nous disons « en moyenne », ce qui ne veut pas dire que chaque hectare paiera 9 francs : l'un pourra ne payer que 4 francs et l'autre 15 francs. Autrement c'eut été trop facile et pas besoin de revenu foncier : il n'y aurait eu qu'à diviser le contingent 9.000 par la contenance 1.000 = 9. Mais alors les terrains de mauvaise qualité eussent payé pour les bons ; c'est précisément pour éviter cet arbitraire que le revenu foncier a été établi.

dans son ensemble le revenu cadastral d'une commune soit plus ou moins élevé, chacun ne paie à peu près, en définitive, que ce qu'il doit supporter.

Péréquation.

Est-ce à dire que la répartition ainsi obtenue par ces quatre degrés successifs soit parfaite? Nullement.

D'abord, la répartition entre les départements a été, au début, d'une inégalité choquante; certains départements, comme l'Ardèche, par exemple, n'ont été imposés, en moyenne, que pour 3 fr. 74 pour cent du revenu (1), alors que d'autres, tel que le Tarn-et-Garonne, ont supporté jusqu'à 9 fr. 07 pour cent du revenu.

Des travaux faits en 1821 ont démontré que la proportion entre le revenu et l'impôt foncier variait du 6ᵉ au 17ᵉ.

Les mêmes inégalités subsistaient également entre les arrondissements et les communes.

Mais, par suite de dégrèvements successifs au profit des départements les plus imposés, on arriva à une répartition plus équitable de cet impôt.

----

(1) Il ne s'agit pas ici du revenu cadastral, mais du revenu réel.

Au surplus, cette juste répartition, si toutefois elle a jamais existé, ne dura pas : pendant que le législateur s'efforçait de résoudre le problème de la péréquation de l'impôt, des terrains qui étaient autrefois classés en dernière catégorie se bonifiaient, des étangs étaient desséchés, des bois défrichés, des terres incultes plantées en vigne, alors que des vignes périssaient et devenaient incultes.

Et comme le législateur avait, par la loi du 15 septembre 1807, posé le principe de la fixité des évaluations cadastrales, principe dont nous reparlerons plus loin, le revenu cadastral restait invariable pendant que le revenu réel se modifiait sensiblement. De sorte que l'on trouve aujourd'hui, et parfois dans une même commune, des différences considérables telles que celles indiquées plus haut.

Aussi, comme le dit fort bien M. Dalloz dans son traité des contributions directes (n° 2715) « l'égalité proportionnelle, inscrite au frontispice de la loi du 3 frimaire an VII, est loin d'avoir été réalisée en fait ».

Réforme de l'impôt.

Pour remédier à cet état de choses, certains ont préconisé une refonte complète du cadastre. Mais ce travail entraînerait une dépense considérable et un temps assez long, de sorte que notre génération en supporterait toute la charge sans en recueillir le bénéfice.

Simple revision du revenu. — Nous croyons, nous, que la simple revision du revenu cadastral, qui pourrait se faire beaucoup plus rapidement et plus économiquement, donnerait des résultats appréciables.

On pourrait en profiter pour refondre et unifier autant que possible les revenus des communes d'un même arrondissement et même du département, ce qui permettrait peut-être de supprimer un degré de répartition dans la suite et faciliterait ainsi la réforme administrative.

En tous cas cette refonte, telle que nous l'entre-voyons, permettrait une répartition plus exacte des contingents aux trois premiers degrés et, envisagée à ce seul point de vue, serait déjà une œuvre utile.

Impôt sur le revenu. — Espérons donc que l'impôt foncier, réformé comme nous venons de le dire, conservera parmi les impôts français, sa place dans l'impôt sur le revenu dont il est question en ce moment.

Nous croyons, du reste, savoir que dans le projet de M. Poincarré, l'impôt foncier réformé fait l'objet d'une cédule.

Historique.

Nous avons dit que l'impôt foncier des propriétés non bâties est un impôt de répartition et que cette répartition a lieu au marc-le-franc des évaluations cadastrales.

Nous avons expliqué aussi pourquoi on avait eu recours aux quatre degrés de répartition et comment le cadastre ne servait de base de répartition qu'au quatrième degré, c'est-à-dire à la répartition individuelle.

Nous allons reprendre, aussi brièvement que possible, l'histoire de cet impôt et examiner les règles qui le régissent aujourd'hui.

Créé par décret des 23 novembre - 1er décembre 1790 pour remplacer la taille et les vingtièmes, l'impôt foncier, après diverses modifications, fut définitivement réglementé par la loi du 3 frimaire an VII qui, sauf quelques modifications, est encore aujourd'hui en vigueur.

Il portait alors sur les propriétés bâties et les propriétés non bâties, et ce n'est qu'en 1890 que ces deux contributions, après plusieurs fluctuations, furent définitivement séparées.

Fixité des évaluations cadastrales. — A l'origine, la répartition avait lieu aux quatre degrés, qu'on s'était bien proposé de supprimer avec le cadastre mais qu'on fut obligé de maintenir pour les raisons que nous avons indiquées.

Elle était faite « par égalité proportionnelle sur toutes les propriétés foncières à raison de leur revenu net imposable ». (Art. 2 de la loi du 3 frimaire an VII) et ce revenu était déterminé par les répartiteurs.

Quelques années plus tard, la loi du 15 septembre 1807 posa le principe de la fixité des évaluations cadastrales qui s'oppose à ce que le cadastre soit tenu au courant en ce qui concerne le revenu imposable.

Conséquences. — Le but du législateur était, certes, fort louable : c'était d'encourager l'agriculture en promettant aux propriétaires de ne pas augmenter le revenu imposable, lors même que par suite de réparations ou d'améliorations ils augmenteraient le revenu réel de leurs immeubles.

Si, envisagé à ce point de vue, l'adoption de ce principe a eu des résultats heureux, il a entraîné, au sujet de la péréquation de l'impôt, les conséquences que nous avons indiquées plus haut.

Dans la deuxième partie de cet ouvrage, nous verrons qu'il rend, en ce qui concerne l'impôt foncier des propriétés non bâties, l'action des répartiteurs à peu près nulle, et que ces derniers n'ont plus guère à intervenir utilement pour la réparti-

tion de cette contribution que lorsque des biens,
affranchis de l'impôt à titre de dépendances du
domaine public, deviennent imposables par leur
transmission à des particuliers, ou lorsque des biens
qui avaient été exemptés à tort sont imposés.

Qui doit supporter l'impôt? — Cet impôt, de
même que celui des propriétés bâties, doit être
supporté par le propriétaire, sans recours contre le
fermier ou locataire.

L'impôt étant une charge des fruits et revenus,
c'est à l'usufruitier qu'il incombe au cas d'usufruit,
et non au nu-propriétaire.

Immeubles assujettis à l'impôt. — D'une façon
générale, l'impôt foncier des propriétés non bâties
est établi sur tous les immeubles. Cependant, on
doit excepter de ce principe, les propriétés dépendant
du domaine public, non productives de revenus, tels
que les rues, places, routes, rivières. (Art. 103 et
104 de la loi du 3 frimaire an VII), les canaux
appartenant à l'Etat, les bois et forêts de l'Etat.
(Loi du 21 ventôse an IX) (1).

Service public. — Quant aux biens appartenant

---

(1) Nous verrons plus loin que si les bois et forêts de l'Etat
sont exempts de l'impôt foncier en principal, ils doivent
néanmoins supporter les centimes additionnels établis au profit
des communes.

aux départements, aux communes ou à des particuliers, ils ne sont exempts de l'impôt qu'autant qu'ils sont affectés à un service public. Tels sont certains canaux de navigation, les chemins de fer, les emplacements de la plupart des casernes de gendarmerie, mairies, écoles, hôtels et bureaux de poste, hospices, musées, préfectures, etc.

Mais il faut ajouter que l'exemption ne porte que sur les parties d'immeubles affectées au service public, tels que les terres qui forment le lit des canaux, les francs-bords, magasins et maisons d'éclusiers, les voies sur lesquelles sont posées les rails. Sont donc imposables, par exemple, les sols de l'habitation d'un chef de section d'un canal, ceux des constructions où sont logés certains services des compagnies de chemins de fer, etc.

Etablissements privés. — Quant aux écoles privées, aux hospices appartenant à des congrégations où les malades ne sont admis que contre rétribution, ils doivent supporter l'impôt.

Il en est de même des presbytères, séminaires, facultés de théologie protestante, etc. (Loi du 9 décembre 1905, art. 24).

Edifices du culte. — Pour les édifices du culte, il faut distinguer :

Ceux appartenant à l'Etat, aux départements et aux communes, continueront à être exonérés de

l'impôt foncier, mais ceux qui sont ou deviendront
la propriété des associations et unions sont soumis
aux mêmes impôts que ceux des particuliers. (Loi
du 9 décembre 1905, art. 24 § 2).

Petites cotes foncières. — Dégrèvements. —
La loi du 21 juillet 1897 a créé une heureuse
innovation pour les campagnes en favorisant la
petite culture.

Aux termes de cette loi, des remises d'impôt
foncier sont accordées à tous les petits contribuables
dont les impôts foncier et mobilier ne dépassent
pas 25 francs pour la part de l'Etat.

Cette loi étant bien connue et le montant du
dégrèvement, ainsi que les conditions pour l'obtenir
étant, au surplus, mentionnés sur tous les aver-
tissements, nous nous bornons à y renvoyer le
lecteur.

CHAPITRE DEUXIÈME

CONTRIBUTION FONCIÈRE DES PROPRIÉTÉS BATIES

L'impôt foncier des propriétés bâties est un impôt grevant les constructions proprement dites. c'est à-dire défalcation faite du sol sur lequel elles reposent.

Cet impôt est régi par la combinaison des lois du 3 frimaire an VII. du 15 septembre 1807, du 29 décembre 1884. du 8 août 1885 et du 8 août 1890.

D'après les articles 34 et 35 de la loi du 15 septembre 1807. il devait être tenu deux matrices distinctes pour les propriétés bâties et pour les propriétés non bâties.

La loi du 31 juillet 1821 prescrivit la réunion de ces deux matrices qui demeurèrent ainsi confondues jusqu'en 1890.

Ce n'est qu'à partir du 1ᵉʳ janvier 1891 que

l'impôt foncier des propriétés bâties, séparé de l'impôt du sol, est devenu un impôt de quotité.

L'article 4 de la loi du 8 août 1890 porte en effet :

« *A partir du 1er janvier 1891, il ne sera plus* « *assigné de contingents aux départements, arron-* « *dissements et communes en matière de contribution* « *foncière des propriétés bâties.* »

Et l'article 5 ajoute : « *La contribution foncière* « *des propriétés bâties sera, à partir de la même* « *date, réglée en raison de la valeur locative de ces* « *propriétés telle qu'elle a été établie conformément* « *à l'article 34 de la loi du 8 août 1885, sous déduc-* « *tion d'un quart pour les maisons et d'un tiers (1)* « *pour les usines, en considération du dépérissement* « *et des frais d'entretien et de réparation.* »

Assiette. — La base de cet impôt est donc, aujourd'hui, la valeur locative des constructions, diminuée d'un quart pour les maisons et de 40 pour cent pour les usines. Cette valeur locative, une fois réglée d'après les bases que nous indiquons ci-après, reste invariable pendant 10 ans. Ce n'est qu'après l'expiration de cette période que l'évaluation est revisée. (Loi du 8 août 1890, article 8).

Les constructions nouvelles, les reconstructions

____

(1) Cette défalcation a été, depuis, portée à 40 pour cent pour les usines par l'article 2 de la loi du 13 juillet 1900.

et les additions de constructions deviennent imposables (même au cours d'une période décennale), la troisième année après leur achèvement, à condition qu'il soit fait en mairie, dans les quatre mois de l'ouverture des travaux, une déclaration à cet effet, à défaut de quoi l'immeuble devient imposable à partir du 1ᵉʳ janvier qui suit son achèvement. (Articles 9 et 10, même loi).

Remarquez que nous disons la « valeur locative des constructions » et non la valeur locative de l'immeuble. Donc, avant de prélever le quart ou le 40 pour cent pour frais de dépérissement, entretien ou réparation, il y a lieu de défalquer l'évaluation cadastrale attribuée au terrain sur lequel reposent les constructions. (Loi du 15 septembre 1807, articles 34 et 35).

Si on procédait autrement, cet impôt deviendrait un impôt de superposition pour une partie puisqu'il est déjà imposé au titre des propriétés non bâties.

Valeur locative. — Qu'entend-on maintenant par valeur locative?

Autrefois, sous l'empire de la loi de frimaire an VII, la valeur locative était déterminée par la moyenne des dix dernières années.

Mais aujourd'hui, d'après l'article 5 de la loi du 8 août 1890, et l'article 34 de la loi du 8 août 1885 combinés, la valeur locative à prendre pour base est la valeur locative actuelle, et l'article du 13 juillet 1900 ajoute que : « *La contribution foncière des* « *propriétés bâties sera, à partir du 1ᵉʳ janvier 1901.* « *réglée en raison de la valeur locative de ces pro—* « *priétés telle qu'elle résultera de la revision décen—* « *nale effectuée conformément à l'article 8, § 1 et 3* « *de la loi du 8 août 1890, sous déduction, etc.., »*

D'où il résulte que l'on doit prendre pour base la valeur locative actuelle, c'est-à-dire celle que la propriété comporte au moment de son évaluation et non pas une moyenne prise sur les années précédentes.

Par valeur locative, on entend non pas ce que l'immeuble est loué, mais ce qu'il devrait être loué normalement.

C'est ainsi que si, pour apprécier la valeur locative, l'administration peut avoir recours à tous les documents propres à l'éclairer, notamment aux baux ou déclarations verbales de locations, ces baux ne sont que des indices de la valeur locative : et le conseil d'Etat a décidé à plusieurs reprises qu'on pouvait refuser de prendre un bail pour évaluation « soit parce que ce document ne paraissait pas sincère » (Conseil d'Etat, 18 août 1866), « soit parce que des conditions spéciales avaient fait accorder par le propriétaire un prix de location différent de la valeur locative réelle et que, par suite, le bail présentait un caractère anormal ». (Voir conseil d'État du 27 juillet 1894, 29 décembre 1894, 9 novembre 1895, 13 décembre 1897).

Nous ferons toutefois remarquer que la base d'évaluation ci-dessus ne s'applique qu'à la revision décennale, et nous ajouterons que les règles à suivre pour l'évaluation de la valeur locative des immeubles qui deviennent imposables au cours d'une période sont différentes.

L'article 9 de la loi du 8 août 1890 dit, en effet : « *les constructions nouvelles, les reconstructions et* « *les additions de constructions doivent être imposées* « PAR COMPARAISON *avec les autres propriétés bâties* « *de la commune où elles sont situées* ».

Ce n'est donc pas la valeur locative que la propriété comporte réellement au moment de son évaluation, ni la moyenne des années antérieures qu'il faut rechercher ici, mais la valeur locative de l'immeuble, *comparée* à celle assignée aux immeubles de la même localité.

En d'autres termes, il faut rechercher la valeur locative sur laquelle est assise la contribution foncière des propriétés bâties des immeubles de la même localité et établir d'après ces bases celle de la propriété à imposer.

Un exemple nous fera mieux comprendre ces subtilités :

Dans une ville, la valeur locative moyenne des

immeubles est. en 1900, de 5o francs par pièce habitable; à ce moment, la revision décennale leur affecte ce chiffre pour base de l'impôt foncier des propriétés bâties. Mais. par suite de création d'industries nouvelles, d'établissement d'un chemin de fer ou d'autres causes, les logements manquent, malgré la construction de nouvelles maisons. la valeur locative augmente rapidement et, en 1908. arrive à une moyenne de 100 francs par pièce habitable.

Une maison nouvellement construite devient imposable à cette époque et est louée 90 francs la pièce en moyenne. Quelle valeur locative devra-t-on lui attribuer? 5o, 90 ou 100 francs par pièce?

Nous répondrons sans hésiter: celle de 5o francs par pièce. qui représente la valeur locative comparée à celle des autres propriétés bâties de la même ville.

Et nous ferons remarquer que cette manière de voir est conforme non seulement au texte de la loi. mais encore à la logique; l'adoption du système contraire, bien qu'il ne s'agisse pas ici d'un impôt de répartition, aurait entraîné des inégalités choquantes dans le paiement de la contribution.

Les autres propriétés, malgré l'augmentation de valeur locative, restent pendant toute la période décennale, taxées à 5o francs par pièce. chiffre qui est bien au-dessous de la valeur locative actuelle;

il était, par suite, équitable que pendant ce qui reste à courir de cette même période l'immeuble nouveau soit taxé à une valeur locative comparée.

A l'expiration de la période décennale en cours, c'est-à-dire en 1910, la valeur locative étant revisée, on prendra pour asseoir l'impôt de tous les immeubles la valeur locative réelle, normale et actuelle, de sorte que les anciens immeubles comme les nouveaux seront imposés sur les mêmes bases.

Taux.

L'impôt foncier des propriétés bâties étant, nous l'avons dit, un *impôt de quotité*, il ne saurait être question, en ce qui le concerne, ni de contingent ni de répartition et, par suite, de pourcentage ou marc-le-franc ; c'est la loi qui fixe chaque année le *taux* de cette contribution.

Toutes les lois de finances votées depuis 1890 ont fixé, en principal, ce taux à 3 fr. 20 centimes pour cent de la valeur locative calculée comme il vient d'être dit et après les déductions spécifiées en l'article 5 de la loi du 8 août 1890 et de l'article 2 de la loi du 13 juillet 1900.

A ce taux il faut, bien entendu, ajouter les centimes additionnels, centimes généraux, départementaux et communaux, de sorte que le principal est souvent doublé, triplé et même quadruplé (1).

Immeubles sujets à l'impôt. — Toutes les règles relatives à l'exonération de l'impôt, que nous avons énumérées au paragraphe précédent (propriétés non bâties) sont applicables ici.

---

(1) Nous avons sous les yeux un avertissement où le taux de la contribution foncière des propriétés bâties est, pour 1906, de 9,9683 pour cent, et nous savons qu'il y en a de plus élevés encore.

CHAPITRE TROISIÈME

IMPOT PERSONNEL ET MOBILIER

Définition. — La contribution personnelle et mobilière était, à l'origine, destinée à frapper tous les revenus que n'atteignait pas l'impôt foncier, autres toutefois que ceux provenant du commerce et de l'industrie et qui sont d'ailleurs atteints par l'impôt des patentes.

Cet impôt a perdu, depuis, une partie de son caractère, en ce sens que d'autres impôts, tels que l'impôt des portes et fenêtres et les taxes assimilées, sont venus se superposer à lui ; de sorte que, s'il est censé grever aujourd'hui le revenu provenant de la fortune acquise, il n'atteint qu'une partie de ce revenu.

Cette contribution se compose de deux taxes :

L'une personnelle égale pour tous les contribuables d'une même commune ;

L'autre mobilière et proportionnée à la valeur des loyers de l'habitation.

Historique. — L'impôt mobilier fut établi par la loi du 13 janvier 1791 ; il était basé, par une échelle progressive, sur un revenu dont l'importance était présumée d'après le chiffre du loyer. A cette taxe s'ajoutaient trois autres : l'une à raison des domestiques ; la seconde à raison des chevaux et voitures ; la troisième était fixée à trois journées de travail.

Cet impôt, remanié en plusieurs fois, fut refondu complètement par la loi du 26 fructidor an VII et par celle du 3 nivôse an VII.

Les deux contributions furent séparées par la loi du 26 mars 1831 : l'impôt personnel devint impôt de quotité et l'impôt mobilier conserva son caractère d'impôt de répartition.

Enfin, la loi du 21 avril 1832, qui le régit encore aujourd'hui, les réunit et en fit un impôt de répartition.

L'article 8 de cette loi est ainsi conçu : « *A « partir du 1ᵉʳ janvier 1832, la contribution per- « sonnelle sera réunie à la contribution mobilière et « ces deux contributions seront établies par voie de « répartition entre les départements, les arrondisse- « ments, les communes et les contribuables.* »

Et l'article 9 ajoute : « *Le contingent assigné à*

« *chaque département sera réparti entre les arron-*
« *dissements par le Conseil général, et entre les*
« *communes par les Conseils d'arrondissement,*
« *d'après le nombre des contribuables passibles de*
« *la taxe personnelle et d'après les valeurs locatives*
« *d'habitation.* »

Répartition. — Nous sommes donc ici en présence d'un impôt de répartition. Cette répartition se fait comme celle de l'impôt foncier, en quatre degrés, dont le dernier incombe aux répartiteurs, et on peut dire que cette péréquation constitue le principal travail de ces agents.

Difficultés d'appréciation. — En effet, si les degrés de répartition sont établis comme ceux de l'impôt foncier, la base sur laquelle repose cette taxe est souvent variable et difficile à évaluer exactement.

Ici, pas de cadastre qui détermine le revenu d'une manière positive et surtout invariable, ce qui, pour l'impôt foncier, réduit le rôle du répartiteur à celui d'un simple agent de surveillance ; il lui faut rechercher la valeur locative réelle, qui subit constamment des fluctuations par suite de renouvellements de baux, changements de locaux, réparations, etc.

Quelquefois, on se trouve en présence d'un bail fictif et le plus souvent, par exemple, quand le propriétaire habite lui-même sa maison, on est sans bail, ni déclaration verbale qui puisse vous renseigner.

Le rôle du répartiteur est ici très délicat ; aussi insisterons-nous tout spécialement sur ce point dans la deuxième partie de cet ouvrage.

Division. — Ainsi que nous venons de le dire, cet impôt est divisé en deux parties :

1° **La Taxe personnelle,** ainsi que le dit un auteur que nous avons sous les yeux mais que nous regrettons de ne pouvoir désigner que par un pseudonyme (1), « est un tribut, une cotisation, que chaque citoyen non indigent doit au gouvernement pour la protection qu'il lui accorde, sans avoir égard ni à sa position ni à sa fortune. »

Cette taxe, qui est assez faible pour être à la portée de toutes les bourses, est fixée à la valeur de trois journées de travail.

Chaque journée doit être, au minimum de o fr. 5o et au maximum de 1 fr. 5o.

Le taux est fixé par le Conseil général ; il est, bien entendu, le même pour tous les habitants d'une même commune.

La contribution personnelle est due par chaque

____

(1) Jean Dufisc, manuel du contribuable, éditeur Vermot, à Paris.

habitant Français et par chaque étranger, de tout sexe, jouissant de ses droits, et non réputé indigent (1).

2° **La Cote mobilière** est basée sur la valeur locative.

Dans la difficulté, on pourrait presque dire l'impossibilité où il était, de déterminer, autrement que par des mesures inquisitoriales et vexatoires, le revenu de chacun, le législateur a pensé que ce signe extérieur était une indication du revenu mobilier probable.

Ce raisonnement n'est pas d'une exactitude irréprochable ; nous savons, en effet, que dans la pratique la valeur locative assignée à un individu ne répond pas toujours à sa situation de fortune : un tel est riche, qui se loge parfois dans un taudis, alors qu'un autre, qui veut se montrer ou qui aime le bien-être, se logera somptueusement malgré une fortune très modeste.

Et puis, inégalité bien plus choquante, le chef d'une nombreuse famille, quelquefois pauvre, aura besoin d'un vaste local, alors qu'un célibataire ou un ménage sans enfant pourront se contenter d'un

(1) Loi du 21 avril 1832, articles 10, 12, 15 et 16.

logement restreint. quelquefois malgré leur fortune (1).

Fortune présumée, signe apparent. — Mais il fallait bien un signe apparent, et le législateur a cru devoir le trouver dans la valeur locative qui. dans la plupart des cas, est bien une présomption de la situation de fortune du contribuable.

A l'origine, le législateur était tellement pénétré de cette idée que la valeur locative représentait exactement la situation de fortune du contribuable. et son intention était si bien d'atteindre par l'impôt mobilier les revenus autres que ceux provenant de la fortune foncière, que la part pour laquelle le contribuable pouvait justifier avoir acquitté la contribution foncière était déduite et qu'il ne payait que sur le surplus.

Cette faculté n'existe plus aujourd'hui, et l'impôt qui nous occupe a perdu, de ce fait. son véritable caractère d'impôt mobilier.

On peut, plus exactement, dire qu'il est maintenant, pour une bonne partie du moins. un impôt de superposition.

---

(1) Dans le projet d'impôt sur le revenu, il est question d'obvier à cet inconvénient par la déduction des charges de famille et du minimum d'existence. (Voir *Journal Officiel* des 13 et 14 juillet 1906).

Assiette. — C'est donc la valeur locative qui est, aujourd'hui, la seule base de l'impôt mobilier, et, ainsi que le dit très bien un savant auteur (1) : « Ce « serait donc dépasser et violer la loi que d'aller « au-delà du signe apparent tel qu'il résulte de la « valeur locative et d'établir l'impôt mobilier « d'après les facultés présumées du contribuable.

« Ce mode qui a été suivi quelquefois, ajoute-t-il, « ne repose que sur des données purement hypo- « thétiques, et le contribuable surtaxé pourrait se « pourvoir, avec la certitude du succès, contre une « répartition établie d'après cette base. » (Voir aussi Conseil d'Etat, 27 juillet 1848 et 8 avril 1852.)

Valeur locative, évaluation. — Si la valeur loca- tive servant d'assiette à l'impôt mobilier doit, dans ses grandes lignes, être calculée et déterminée com- me celle sur laquelle repose l'impôt foncier des propriétés bâties, il y a cependant, entre ces deux bases, quelques différences que nous allons signaler.

Valeur actuelle et annuelle. — Pour la mobi- lière, comme pour l'impôt foncier, la valeur locative à prendre doit être la valeur locative actuelle, c'est-à-dire celle que comporte le local du contri-

---

(1) M. Batbie, sénateur, professeur à la Faculté de droit de Paris. — *Précis de Droit public et administratif*, 4ᵉ édition, page 320.

buable au moment de son évaluation. Mais alors
que l'assiette de l'impôt foncier des propriétés bâties
n'est revisée que tous les dix ans, celle de la mobilière peut et doit être revisée chaque année au fur et
à mesure des changements et des fluctuations.

Eléments d'appréciation. — La valeur locative.
pour la mobilière, doit, comme celle de l'impôt
foncier, être déterminée en prenant autant que
possible pour base les baux verbaux ou écrits en
cours, surtout les baux authentiques, sauf à écarter
les baux qui présenteraient un caractère anormal
ou qui ne paraîtraient pas sincères.

Comparaison. — Enfin, un autre élément d'appréciation qui, pour la mobilière, doit souvent être
pris en considération, est la comparaison des
locaux qu'il s'agit d'évaluer, avec les locaux voisins, ou tout au moins ceux d'une même commune.

Il ne faut pas oublier que nous sommes ici en
présence d'un impôt de répartition et que l'on peut
prendre pour terme de comparaison les locaux
voisins, alors qu'en ce qui concerne les impôts de
quotité, l'administration peut au contraire se refuser
à comparer dans beaucoup de cas.

Nous avons vu en effet plus haut que pour les
propriétés bâties c'est la valeur locative actuelle et
normale qui doit être prise pour base lors de la
revision décennale et que l'on ne doit évaluer par

comparaison, que les constructions nouvelles, les reconstructions et additions de constructions qui deviennent imposables au cours d'une période décennale. (Loi du 8 août 1890, art. 9).

Personnelle et mobilière réunies; caractère mixte. — Nous avons expliqué plus haut que la contribution personnelle est une taxe fixe, c'est-à-dire que la somme à payer par chacun est déterminée à l'avance alors que le produit total exact se trouve inconnu, ce qui revient à dire que cet impôt est un impôt de quotité, alors que la contribution mobilière est un impôt de répartition.

Comment combiner ces deux éléments qui, à première vue, sont de nature si différente? Rien de plus facile !

Bien que la taxe personnelle soit impôt de quotité et la taxe mobilière impôt de répartition, on ne peut dire que l'ensemble est un impôt mixte; on se trouve bien en présence d'un impôt de répartition en ce sens que le contingent de ces deux taxes est bien fixé chaque année et réparti aux quatre degrés ordinaires.

Mais les contingents départementaux, d'arrondissement et communaux ne sont pas divisés; ils sont fixés pour les deux impôts réunis, et le contingent communal une fois déterminé, on procède de la manière suivante : on prélève d'abord la somme que doit produire la taxe personnelle, somme qu'on obtient facilement en multipliant la taxe individuelle par le nombre de contribuables ; le surplus, qui forme le contingent mobilier, est réparti proportionnellement à la valeur locative de chacun.

Exemple : Supposons une commune ayant un contingent personnel et mobilier de 12.000 francs, devant être supporté par 400 contribuables, non indigents. Si la journée de travail a été fixée a o fr. 50 par le Conseil général, cela porte à 1 fr. 50 la taxe personnelle de chaque imposé.

Le contingent personnel sera donc de $1,50 \times 400$ égal 600 francs.

Et le contingent mobilier sera de 12.000—600 égal 11.400 francs.

Ce sont donc ces 11.400 francs qui devront être répartis proportionnellement à la valeur locative de chaque contribuable.

Octroi ; faculté de supprimer la personnelle-mobilière. — Nous terminerons cette courte analyse de l'impôt personnel et mobilier en disant que dans les villes où il y a un octroi, cet impôt peut être supprimé en tout ou en partie à l'égard du contribuable.

Le contingent affecté à la commune, ou la partie de ce contingent qui est supprimée est alors payé sur la caisse municipale avec le produit de l'octroi.

Pour cela, il faut une délibération du conseil municipal approuvée par décret.

Si la conversion est partielle, la partie non couverte doit être répartie soit au prorata de la valeur locative après exemption des faibles loyers que le conseil municipal croira devoir exonérer en totalité, soit d'après un tarif gradué en raison de la progression ascendante de ces loyers. (Loi du 3 juillet 1846, art. 3).

CHAPITRE QUATRIÈME

PORTES ET FENÊTRES

Historique. — La contribution des portes et fenêtres, qui n'avait rien d'analogue dans l'ancien régime, a été établie par la loi du 4 frimaire an VII. à l'imitation d'une taxe semblable qui existait en Angleterre, la *Window Tax*.

Elle était, en quelque sorte, créée comme devant être un supplément à la contribution personnelle et mobilière, et c'est pour cette raison qu'elle est à la charge du locataire.

Dès l'origine, cet impôt a été fortement critiqué pour deux raisons: d'abord parce que c'est un impôt de superposition, c'est-à-dire venant augmenter les charges déjà bien lourdes d'une même catégorie de contribuables; ensuite, parce que c'est un impôt sur l'air et la lumière, c'est-à-dire un impôt anti-hygiénique.

Si le législateur a cru voir dans le nombre d'ouvertures un signe extérieur de la richesse, on peut, sans crainte d'être démenti, affirmer qu'il s'est trompé, et que cet impôt n'est nullement proportionnel.

Caractère provisoire. — Au surplus, cette contribution était destinée à combler un déficit existant et n'était établie que provisoirement ; mais depuis, on ne sait par quoi la remplacer, de sorte que le provisoire dure depuis plus d'un siècle et est devenu sinon définitif, du moins permanent.

Essais de suppression. — Plusieurs essais de suppression ont bien été tentés, notamment l'article 1er de la loi du 18 juillet 1892 supprimait cet impôt et le remplaçait par une taxe de 2 fr. 40 pour cent du revenu net imposable de la propriété foncière bâtie, à partir du 1er janvier 1894.

Le § 2 de cet article ajoute : « *La loi portant* « *fixation des contributions directes pour l'exercice* « *1894 déterminera les mesures d'exécution ainsi* « *que les exemptions qui pourraient être édictées.* »

Mais, lors de la discussion du budget de 1894, le temps manqua à la commission pour procéder à l'étude des questions complexes et multiples que soulevait une semblable réforme, et le projet fut disjoint de la loi de finances. (Séance du 11 juillet 1893.)

Depuis cette époque. l'article 1er de la loi du 18 juillet 1892 est resté lettre morte. Chaque année la loi de finances fixe, comme par le passé, le contingent de chaque département en stipulant que cette répartition est faite contrairement à la loi du 18 juillet 1892. (Voir dans ce sens la dernière loi de finances, loi du 13 juillet 1906. art. 1er.)

Nature. — Cette contribution était, à l'origine, un impôt de quotité, mais, par suite du défaut de sincérité des déclarations ou de la négligence que les pouvoirs locaux apportèrent à l'assiette de la taxe, le gouvernement se décida à la convertir en impôt de répartition.

Cette conversion fut opérée par la loi du 13 floréal an X. La loi du 26 mars 1831 fit, de nouveau, de cet impôt un impôt de quotité, mais en opérant cette réforme on augmenta l'impôt dans des proportions si considérables qu'elle souleva des critiques violentes et des mécontentements.

Par suite, elle dura peu de temps, et la loi du 21 avril 1832 redonna à nouveau à cette contribution la qualité d'impôt de répartition qu'elle a toujours conservée depuis. C'est donc la loi du 21 avril 1832 qui régit aujourd'hui la matière.

Caractère mixte. — Bien que cet impôt soit un impôt de répartition, il a cependant un caractère mixte, car il est à la fois un impôt de quotité et un impôt de répartition.

Un impôt de quotité en ce sens que le tarif de chaque ouverture est fixé d'avance par la loi. (1)

Un impôt de répartition en raison de ce que le contingent à fournir est fixé à l'avance et réparti en prenant les quatre degrés ordinaires.

Combinaison de ces divers éléments. — A première vue, ces deux éléments, d'apparence si contradictoire, semblent inconciliables, et cependant rien n'est plus facile que de les combiner.

On commence par déterminer ce que donne l'application du tarif aux ouvertures de la commune, et si cette somme n'est pas égale au contingent communal, la différence est répartie proportionnellement.

La somme obtenue en multipliant le nombre d'ouvertures par le tarif applicable à chacune d'elles dépasse-t-elle, au contraire, le contingent : on fait une diminution proportionnelle sur chaque ouverture.

On obtient donc ainsi un nouveau tarif qui varie chaque année et est spécial à chaque commune.

Il va sans dire qu'avant de faire le travail qui

----

(1) Voir le tableau annexé à la loi du 21 avril 1832 que nous donnons au surplus ci-après.

précède on fait rentrer en ligne de compte les centimes additionnels au principal de cette contribution en les ajoutant au contingent communal à répartir.

Tarification. — Pour fixer le tarif des portes et fenêtres, le législateur a fait rentrer trois éléments en ligne de compte :

La population,

Le nombre des ouvertures,

La qualité,

En partant de ce principe que la fortune apparente est d'autant plus grande qu'un logement compte plus d'ouvertures et est situé dans une ville plus importante, et qu'une porte ne doit pas payer comme une fenêtre et, pour celles-ci, que les fenêtres des étages élevés ne peuvent être taxées comme celles des étages inférieurs.

Ainsi qu'on le verra ci-après, les maisons ayant cinq ouvertures et au-dessous sont taxées selon la population en tenant compte du nombre d'ouvertures, sans faire de distinction en raison de la nature de ces ouvertures, ni de l'étage où elles sont situées.

C'est ainsi que dans ce cas une porte cochère ne sera taxée que comme une simple fenêtre.

Pour les maisons au-dessus de cinq ouvertures, tout en tenant compte de la population, les ouvertures sont classées à des taux différents, suivant qu'elles sont de diverses natures ou situées à certains étages.

Tarif annexé à la Loi du 21 Avril 1832

POPULATION DES VILLES ET DES COMMUNES	POUR LES MAISONS A					POUR LES MAISONS a six Ouvertures et au-dessus		
	Une Ouverture	Deux Ouvertures	Trois Ouvertures	Quatre Ouvertures	Cinq Ouvertures	Portes cochères, charretières et de magasins	Portes ordinaires et Fenêtres du rez-de-chaussée de l'entresol, des 1er et 2me étages	Fenêtres du 3me étage et des étages supérieurs
Au-dessous de 5.000 âmes	0 30	0 45	0 90	1 60	2 50	1 60	0 60	0 60
de 5.000 à 10.000 —	0 40	0 60	1 35	2 20	3 25	3 50	0 75	0 75
de 10.000 à 25.000 —	0 50	0 80	1 80	2 80	4 »	7 40	0 90	0 75
de 25.000 à 50.000 —	0 60	1 »	2 70	4 »	5 50	11 20	1 20	0 75
de 50.000 à 100.000 —	0 80	1 20	3 60	5 20	7 »	15 »	1 50	0 75
Au-dessus de 100.000 —	1 »	1 50	4 50	6 40	8 50	18 80	1 80	0 75

Toutes les distinctions ci-dessus paraissent logiques, mais, dans la pratique, on s'aperçut bien vite qu'elles n'étaient pas parfaites ; c'est ainsi que dans la même ville les quartiers pauvres sont taxés au même taux que les quartiers riches, d'où une grande inégalité.

Tarifs spéciaux. — Pour remédier à ces inconvénients, la ville de Paris, par un décret en date du 17 mars 1852, fut autorisée à établir un tarif spécial, qu'elle dressa en tenant compte du revenu net et du nombre des ouvertures. Ce tarif comprend un droit fixe pour chaque espèce d'ouverture et un droit proportionnel basé sur la valeur locative.

Dans la suite, les villes de Lyon et Bordeaux ont obtenu des facultés semblables, aux termes des lois de finances des 22 juin 1854, article 17, et 5 mai 1855, article 14.

Quelles ouvertures sont imposables ?

La contribution qui nous occupe « *est établie sur* « *les portes et fenêtres donnant sur les rues, cours* « *ou jardins des bâtiments et usines sur tout le ter-* « *ritoire de la République...* » (Loi du 4 frimaire « an VII, article 2).

Donc, pour qu'une ouverture soit imposable, il faut qu'elle soit extérieure. Ainsi, les portes intérieures faisant communiquer entre elles les pièces d'un appartement, celles ouvrant sur un escalier clos, ne sont pas imposables.

Mais sont imposables les fenêtres éclairant un escalier ou le corridor d'une maison d'habitation.

Exemptions.

D'après l'article 5 de la loi du 4 frimaire an VII :
« *Ne sont pas soumises à la contribution les portes*
« *et fenêtres servant à éclairer ou aérer les granges,*
« *bergeries, étables, greniers, caves et autres locaux*
« *non destinés à l'habitation des hommes, ainsi que*
« *toutes les ouvertures du comble ou toiture des*
« *maisons habitées.*

« *Ne sont pas, également, soumises à ladite contri-*
« *bution les portes et fenêtres des bâtiments employés*
« *à un service public, civil, militaire ou d'instruction*
« *ou aux hospices.*

« *Néanmoins, si lesdits bâtiments sont occupés en*
« *partie par des citoyens auxquels la République ne*
« *doit point de logement d'après les lois existantes,*
« *lesdits citoyens seront soumis à ladite contribution*
« *à concurrence des parties desdits bâtiments qu'ils*
« *occuperont.* »

L'article ci-dessus consacre donc deux espèces d'exemptions. (1)

____

(1) On verra plus loin qu'il y en a une troisième.

Il excepte :

1° Les ouvertures servant à aérer ou éclairer les locaux agricoles et ceux non destinés à l'habitation des hommes.

Locaux agricoles. — En premier lieu l'exemption ne doit porter que sur les locaux exclusivement destinés à l'agriculture.

Doivent donc être recensées les ouvertures des granges ou hangars servant à un commerce, celles des celliers ou cuvages contenant des pressoirs travaillant pour le public contre rétribution, celles des laiteries commerciales (1). (Instructions ministérielles des 30 mars et 30 septembre 1831).

Locaux non destinés à l'habitation des hommes. — Par locaux non destinés à l'habitation des hommes, on doit entendre les dépendances de l'habitation principale, telles que greniers, caves, écuries, remises, bûchers, buanderies, débarras.

Ainsi, les fenêtres, dites *tabatières*, éclairant des mansardes, ne sont imposables que si ces mansardes sont habitables. *(Loi du 21 avril 1832, art. 27).*

Mais sont imposables : les portes et fenêtres des

---

(1) On entend par laiteries commerciales des entreprises exploitées aux environs des grandes villes où tout travail agricole est exclu, et consistant le plus souvent dans la nourriture des vaches avec des fourrages achetés et la vente du lait.

ateliers, salles de spectacles et hangars autres que ceux destinés à l'agriculture.

Commerce. — Pour bénéficier de l'exemption, il faut que les dépendances ne soient pas affectées à un commerce ou à une industrie.

Par suite, devraient être imposées, les ouvertures des locaux suivants :

Greniers servant à des marchands de grains. (Conseil d'Etat. 7 mars 1834);

Ceux existant dans les étages supérieurs d'un moulin et renfermant les machines servant à moudre le grain. (Conseil d'Etat. 1er juillet 1845);

Caves servant à des marchands pour des entrepôts. (Décision ministérielle du 11 avril 1828);

Celles, transformées en sous-sols, servant de boutiques, cuisines, cafés, restaurants;

Cabinets où se trouvent les baignoires d'un établissement de bains.

Dépendances d'un commerce. — Il faut, toutefois, remarquer que l'impôt n'est dû qu'autant que les ouvertures éclairent ou aèrent des locaux affectés à l'usage principal du commerce, c'est-à-dire des locaux qui, constituant, par leur nature, les dépendances d'une maison d'habitation, sont transformés en pièces habitables à l'usage principal d'un commerce et que l'exemption doit être maintenue aux locaux qui, bien que loués à un commerçant, ne sont que la dépendance nécessaire des pièces affectées au commerce principal.

En conséquence, on ne doit pas recenser les ouvertures des écuries et remises alors même qu'elles ne servent pas à l'agriculture. telles que celles des marchands, aubergistes, rouliers, ou celles des particuliers. non plus que les ouvertures des caves, bûchers et buanderies des hôtels. (Instruction ministérielle du 30 septembre 1831).

Service public. — 2° La deuxième exemption s'applique aux locaux affectés à un service public.

Ne sont donc pas imposables les ouvertures :

Des casernes, mairies, préfectures, écoles. hôtels et bureaux des postes, hospices, dépôts de pompes à incendie.

Edifices du culte. — En ce qui concerne les ouvertures des édifices consacrés au culte, telles que celles des églises. temples ou synagogues. il n'y avait aucune distinction à faire avant la loi du 9 décembre 1905. dite « *Loi de séparation des églises et de l'Etat* : ces édifices étaient exonérés de l'impôt des portes et fenêtres comme étant affectés à un service public.

Depuis le vote de cette loi, il faut faire une distinction : les édifices affectés à l'exercice du culte appartenant à l'Etat, aux départements et aux communes continueront à être exempts de l'impôt. (Loi du 9 décembre 1905, art. 24).

Mais les édifices qui sont la propriété des associations et unions sont soumis aux mêmes impôts que ceux des particuliers. (Même loi et même art. § 2).

L'exemption s'applique à tous les locaux affectés à un service public, lors même que les constructions appartiendraient à un particulier qui les louerait à l'Etat, aux départements ou aux communes.

Doivent donc être exonérés, comme tels, les bâtiments qui seraient loués par un particulier pour une école, un bureau de poste, une caserne de gendarmerie, etc.

Mais l'exemption ne s'applique qu'à la partie des locaux affectés au service public, les ouvertures des pièces servant à l'habitation personnelle des fonctionnaires doivent supporter l'impôt par application de ce principe que les fonctionnaires logés dans les bâtiments publics doivent l'imposition pour leur logement.

Les portes et fenêtres des locaux occupés par les proviseurs, censeurs, professeurs dans un lycée, par les instituteurs, receveurs des postes... doivent être taxées.

Celles les dortoirs, réfectoires, salles d'études, etc. en sont exemptes.

Par application des mêmes principes, les ouvertures des logements servant aux ministres des cultes, bien qu'appartenant à l'Etat ou aux communes, doivent être recensées. (Loi du 9 décembre 1905, art. 24).

Il n'en est pas de même des locaux des gendarmes; ces derniers étant militaires sont exempts de l'impôt.

Ecoles libres. — Pour qu'une construction soit exonérée de l'impôt des portes et fenêtres, il faut qu'elle soit affectée à un service public ; c'est ainsi que les seuls établissements d'instruction qui en sont dispensés sont les écoles entretenues et fondées par l'Etat. Mais les établissements d'instruction ayant un caractère privé, tels que les écoles libres, doivent supporter l'impôt qui nous occupe.

Séminaires. — Il en est de même des séminaires et des facultés de théologie protestante qui, avant la loi de Séparation, étaient exemptés et qui, depuis, sont devenus des établissements privés. (Loi du 9 décembre 1905, article 24).

Hospices. — En ce qui concerne les hospices, le même principe doit être admis : ne sont dispensés de l'impôt que ceux ayant un caractère public. Les hospices appartenant et dirigés par des particuliers ou des communautés religieuses y sont astreints lors même qu'ils seraient subventionnés par les pouvoirs publics, surtout si les malades ou infirmes n'y sont admis que contre rétribution.

Manufactures. — Enfin l'article 19 § 2 de la loi du 14 germinal an XI, consacre une troisième catégorie d'exemption au profit des manufactures.

Le législateur a pensé que la quantité d'ouvertures exigées par les établissements de ce genre aurait donné lieu à un impôt excessif et que, dans un but d'économie facile à comprendre. les propriétaires auraient réduit les ouvertures au strict minimum, d'où un grand inconvénient pour les ouvriers. L'hygiène exige que ces établissements soient bien aérés et éclairés.

La question de savoir ce qu'on entend par manufacture dans le sens de la loi du 14 germinal an XI, est très délicate et a donné lieu à de nombreux arrêts des conseils de préfecture et du conseil d'Etat.

Le cadre limité de cet ouvrage ne nous permet pas d'entrer dans un développement à ce sujet.

Aussi renvoyons-nous le lecteur au *Traité des contributions directes* de M. Dalloz, page 220 et suivantes.

Constructions nouvelles. — Disons, en terminant, que l'exonération d'impôt foncier dont bénéficient pendant deux ans les constructions neuves en vertu de l'article 9 de la loi du 8 août 1890, ne s'applique pas à l'impôt des portes et fenêtres; cet

impôt est dû à partir du jour où la construction
est achevée et habitée.

A qui incombe l'impôt des portes
et fenêtres ?

Nous avons vu plus haut (page 57) que cet impôt
est à la charge du locataire.

L'article 12 de la loi du 4 frimaire an VII porte,
en effet que : « *La contribution des portes et fenêtres*
« *sera exigible contre les propriétaires et usufruitiers*
« *fermiers et locataires principaux des maisons,*
« *bâtiments et usines, sauf leur recours contre les*
« *locataires particuliers pour le remboursement de*
« *la somme due à raison des locaux par eux*
« *occupés.* »

C'est donc au propriétaire d'abord à payer cet
impôt, mais, ainsi qu'on vient de le voir, celui-ci a
un recours contre chaque locataire pour le rem—
boursement de l'impôt afférent aux ouvertures des
locaux qu'il occupe.

Quant aux ouvertures communes à tous les locataires, elles restent à la charge du propriétaire.

Il résulte donc de ce qui précède que l'impôt ci—
dessus est un impôt locatif puisqu'en définitive
(sauf pour les parties communes) il incombe aux
locataires. Mais ce n'est pas là une question d'ordre

public, et les parties peuvent parfaitement y déroger par conventions spéciales.

Dans la pratique, il arrive souvent que le propriétaire ne réclame pas aux locataires les impôts des portes et fenêtres ; il s'est même établi, à cet effet, de véritables usages locaux et dans beaucoup d'endroits c'est le propriétaire qui supporte définitivement cette contribution.

Dans ce cas, on peut conclure qu'il est intervenu tacitement un forfait entre le propriétaire et le locataire, sans quoi ce dernier aurait payé moins cher de loyer, et nous ne croyons pas qu'un propriétaire, dans le silence du bail, mais contrairement aux usages du pays, puisse exiger de son locataire le remboursement de cet impôt, surtout s'il s'est abstenu pendant plusieurs années de se faire rembourser. (Tribunal de la Seine, 16 avril 1866. *Dalloz périodique*, 1866).

CHAPITRE CINQUIÈME

PATENTES

Définition. — La patente est un impôt qui a pour but d'atteindre les revenus provenant de l'industrie, du commerce ou de certaines professions libérales.

On voit par là que l'imposition à la patente n'est pas une preuve de la qualité de commerçant ; ainsi certaines professions telles que celles de médecin, avocat, notaire, sont imposables à la patente, quoiqu'elles soient absolument incompatibles avec le négoce.

La Révolution de 1789, en abolissant les jurandes et les maîtrises, décida qu'il serait libre à toute personne d'exercer telle profession, négoce, art ou métier qu'elle trouverait bon, sous la condition de se munir d'une patente. (Décret des 2 – 17 mars 1791, article 7).

La patente n'étant jamais refusée, cette obligation devenait en quelque sorte un impôt.

Liberté du commerce. — Depuis lors, chaque citoyen peut changer de séjour et de métier comme il lui plaît, exercer autant de professions ou de commerces qu'il juge convenable; au lieu d'une avance en pure perte, il n'acquitte qu'une redevance annuelle proportionnée à l'importance de son commerce et qui cesse le jour où il se retire.

Historique. — L'assiette de cet impôt était, à l'origine, pour toutes les professions, la valeur locative de tous les locaux occupés par le patentable, tels que magasins, ateliers, logement servant à l'habitation; on pensait alors voir dans l'importance de ces locaux un signe extérieur des bénéfices réalisés, mais on s'aperçut bien vite que cette base manquait de justesse et que certains commerces ou industries, donnant des bénéfices importants, pouvaient s'exercer dans des locaux très réduits, alors que d'autres exigeaient des locaux considérables pour des commerces peu lucratifs.

Un décret des 17-20 septembre-9 octobre 1791 établit les demi-patentes, les patentes simples et les patentes supérieures, sortes de titres moyennant lesquels on pouvait exercer les professions correspondant à la catégorie de la patente dont on s'était muni.

Ce système fut critiqué à son tour, et l'impôt des patentes fut suspendu en 1793 et 1794.

Il fut rétabli par le décret du 4 thermidor an III, mais sur le commerce seulement; les professions libérales et les arts et métiers en étaient exonérés. La loi de finances du 18 mai 1850 combla cette lacune et ne maintint l'exemption que pour les arts et l'agriculture.

Postérieurement à la loi du 4 thermidor an III, de nombreuses lois sont venues modifier le régime des patentes, jusqu'au moment où le législateur a réuni en un seul corps, et pour ainsi dire codifié en refondant les tarifs, les nombreuses dispositions législatives qui traitaient de cette matière. Tel a été le but de la loi du 15 juillet 1880 qui est encore aujourd'hui la charte de cet impôt.

Mais le commerce et les affaires se transforment avec le temps et de nombreuses lois sont venues compléter celle de 1880 en tarifiant des industries nouvelles ou en modifiant les tarifs existants : telles sont les lois des 30 juillet 1885 — 17 juillet 1889 — 8 août 1890 — 28 avril 1893 — 19 avril 1905 et 19 juillet 1905.

Malgré ces refontes et modifications successives, l'impôt des patentes est encore mal réparti; cela tient à ce qu'il est basé sur des signes extérieurs. En prenant pour assiette la valeur locative de tous les locaux occupés par le patentable, le législateur a cru atteindre les bénéfices réels de chacun, alors qu'il n'atteint que les bénéfices présumés ; on sait, en effet, qu'il y a souvent loin de la présomption à la réalité.

De nombreux projets de refonte générale des patentes présentés aux Chambres n'ont pas encore abouti. Nous formons le vœu que l'impôt sur le revenu, actuellement projeté, supprime cet impôt ou, en tout cas, le répartisse plus exactement en tenant compte du minimum d'existence et des charges de famille. (Voir, à ce sujet, le discours de M. Poincarré à la Chambre des députés, les 12 et 13 juillet 1906).

Caractère-nature. — L'impôt des patentes est un impôt de quotité.

En ce qui concerne le rôle des répartiteurs nous verrons, dans la deuxième partie de cet ouvrage, qu'il en résulte une conséquence importante.

A un autre point de vue, cette distinction a également son utilité :

1° A la différence des impôts de répartition, les cotes mal établies ne sont pas réimposées mais tombent en non-valeurs ;

2° Bien que la contribution des patentes soit, comme les autres impôts directs français, soumise au régime de l'annalité, c'est-à-dire dus pour l'année entière, il y a à cette règle quelques exceptions qui pourraient difficilement se concilier avec un impôt de répartition.

C'est ainsi qu'en cas de cessation de commerce par suite de décès, de faillite ou de liquidation judiciaire, la patente n'est due que pour le passé et le mois courant; la décharge de la taxe est accordée sur réclamation des parties intéressées.

Le patentable qui s'installe dans le courant de l'année, celui qui transforme son commerce ou son industrie en prenant des locaux de valeur locative plus élevée, enfin celui qui entreprend une profession donnant lieu à un droit fixe plus élevé, sont astreints à la patente ou doivent le supplément à compter du premier du mois dans lequel a lieu l'installation ou la transformation et sont imposés ou réimposés par voie de rôle supplémentaire.

Personnes imposables.

Nationalité. — La contribution des patentes est due par tout individu, français ou étranger, qui exerce en France un commerce non compris dans les exceptions déterminées par la loi.

La question de nationalité est, dès lors, sans influence sur l'établissement des droits.

Profession continue. — Pour qu'une patente puisse être établie, il faut et il suffit qu'il y ait exercice d'une profession, c'est-à-dire qu'il y ait **un** ensemble d'opérations présentant un caractère habituel ; des actes isolés de commerce ne rendraient pas plus un individu redevable de la patente qu'ils ne lui donneraient la qualité de commerçant.

Mais, du moment qu'un individu se livre à des actes suffisamment suivis pour constituer l'exercice d'une profession, il devient patentable s'il ne se trouve pas formellement exempté par la loi.

Exemptions. — Sont exemptés de la patente :

1° Les fontionnaires et employés salariés par l'État, les départements ou les communes ;

2° Les peintres, sculpteurs, graveurs et dessinateurs considérés comme artistes, les professeurs de belles-lettres, sciences et arts d'agrément, les instituteurs primaires, les sages-femmes, les éditeurs de feuilles périodiques, les artistes dramatiques ;

3° Les laboureurs et cultivateurs, les concessionnaires de mines (d'ailleurs assujettis à la redevance des mines), les propriétaires ou fermiers de marais salants, les propriétaires ou locataires louant accidentellement une partie de leur habitation personnelle, les pêcheurs ;

4° Les associés en commandite, les caisses d'épargne et de prévoyance administrées gratuitement, les assurances mutuelles ;

5° Les capitaines de navires de commerce, les cantiniers attachés à l'armée, les écrivains publics. les commis et employés, les ouvriers travaillant sans compagnons ni apprentis, qu'ils aient ou non une enseigne ou une boutique, les ouvriers travaillant en chambre avec un apprenti âgé de moins de seize ans, la veuve qui continue avec l'aide d'un seul ouvrier ou d'un seul apprenti, la profession précédemment exercée par son mari ;

6° Les savetiers, les chiffonniers au crochet. les porteurs d'eau à la bretelle ou avec voiture à bras. les rémouleurs ambulants. les gardes-malades ;

7° Les personnes qui vendent dans les rues. les lieux de passage ou les marchés, soit des fleurs, de l'amadou, des balais, des statues et figures en plâtre. soit des fruits, des légumes, des poissons, du beurre. des œufs et autres menus comestibles.

Demi-exemptions. — Tous les individus qui vendent en ambulance des objets non compris dans les exceptions ci-dessus et tous ceux qui vendent sous échoppe, ou en étalage, ne sont passibles que de la moitié des droits que paient des marchands vendant les mêmes objets en boutique. à l'exclusion toutefois des bouchers, épiciers et autres marchands ayant un état permanent ou occupant une place fixe dans les halles et marchés.

Base de l'imposition.

D'après la loi du 15 juillet 1880.

La contribution des patentes se compose d'un droit fixe et d'un droit proportionnel : d'un droit fixe seulement dans certains cas spéciaux, et d'un droit proportionnel seulement en ce qui touche les professions libérales (1).

I. — Droit fixe.

Pour l'établissement du droit fixe, les professions sont réparties en trois tableaux concernant :

Le tableau A, le commerce ordinaire et les artisans ;

Le tableau B, le haut commerce et la banque ;

Le tableau C, l'industrie.

Dans le tableau A, le droit fixe est réglé eu égard à la population et d'après un tarif général comprenant huit classes et neuf catégories de population.

____

(1) Nous ne pouvons pas donner ici la classification de chaque profession, cette nomenclature nous entraînerait trop loin. Pour ceux de nos lecteurs qui désireraient vérifier s'ils sont classés régulièrement, nous les prions de se reporter à l'article 40 de la loi du 15 juillet 1880 et aux tableaux annexés à la loi du 19 avril 1905.

Tableau A.

CLASSES	à Paris	DROIT FIXE DANS LES COMMUNES							
		Au-dessus de 100.000 âmes	De 50.001 à 100 000 âmes	De 30.001 à 50.000 âmes	De 20.001 à 30.000 âmes	De 10.001 à 20.000 âmes	De 5.001 à 10 000 âmes	De 2.001 à 5.000 âmes	De 2 000 âmes et au-dessous
1re	400 f.	300 f.	240 f.	180 f.	120 f.	80 f.	60 f.	45 f.	35 f.
2e	200 »	150 »	120 »	90 »	60 »	45 »	40 »	30 »	25 »
3e	140 »	100 »	80 »	60 »	40 »	30 »	25 »	22 »	18 »
4e	75 »	75 »	60 »	45 »	30 »	25 »	20 »	15 »	12 »
5e	50 »	50 »	40 »	30 »	20 »	15 »	12 »	9 »	7 »
6e	40 »	40 »	32 »	24 »	16 »	10 »	8 »	6 »	3 »
7e	16 »	16 »	12 »	10 »	8 »	*8 »	*5 »	*4 »	*1 50
8e	10 »	10 »	8 »	6 »	5 »	*5 »	*4 »	*3 »	*1 »

Les patentables des 7e et 8e classes, vendant en ambulance, en étalage ou sous échoppe, sont exempts du droit proportionnel.

Le signe * veut dire exemption du droit proportionnel dans les villes de 20.000 âmes et au-dessous.

Dans le tableau B, le droit fixe est réglé eu égard à la population et d'après un tarif spécial pour chaque profession.

Outre une taxe déterminée, invariable par catégorie de population, ce tableau comporte, en général, une taxe par employé au-dessus de cinq.

Certaines professions ne supportent qu'une taxe déterminée sans taxe variable, d'autres une taxe variable sans taxe déterminée.

Dans le tableau C, le droit fixe est établi sans avoir égard à la population ; le législateur s'est inspiré de cette considération qu'une industrie donnant de gros bénéfices peut aussi bien fonctionner dans une petite ville que dans une grande, et que la main-d'œuvre étant moins élevée à la campagne, les industriels délaissent de plus en plus les grands centres.

Le tableau D comprend les professions libérales qui sont exemptes du droit fixe.

II. — Droit proportionnel.

Valeur locative. — Le droit proportionnel est établi sur la valeur locative tant de l'habitation que des locaux servant à l'exercice de la profession.

Pour les établissements industriels, la valeur locative doit être calculée en tenant compte non seulement des bâtiments, mais encore de la force motrice et de l'outillage, c'est-à-dire que pour l'évaluation on doit prendre lesdits établissements dans leur ensemble, munis de tous leurs moyens matériels de production (1).

Sauf pour certaines professions spéciales le taux du droit proportionnel est fixé à un tantième de la valeur locative

Ce droit varie du 10ᵉ au 50ᵉ selon les classes et les tableaux (2).

Imposition par assimilation.

Loi du 19 avril 1905. — Modifications.

La loi du 15 juillet 1880, modifiée par diverses lois subséquentes, présente la nomenclature des professions imposables. Mais, au fur et à mesure des transformations du commerce et de l'industrie, surtout à l'époque actuelle, apparaissent de nouvelles professions qui n'y sont pas prévues. Ces professions n'en sont pas moins soumises à la patente ; elles sont classées dans les tarifs par des

____

(1) Instruction générale du 6 avril 1881.

(2) Voir loi du 15 juillet 1880, article 40 et loi du 19 avril 1905.

arrêtés préfectoraux, en tenant compte de l'analogie des opérations ou des objets de commerce.

Revision quinquennale. — Tous les cinq ans les professions ainsi classées par voie d'assimilation doivent être soumises à la sanction législative.

La loi du 19 avril 1905 a pour origine ces rectifications de classement ; elle n'exige pas de commentaire spécial, car elle ne pose aucun principe nouveau.

Elle se borne à certaines réductions, extensions de réductions pour les droits fixes et proportionnels, revision de tableaux, etc.

Elle précise la fixation de l'impôt et de certaines exemptions.

Enfin elle contient certaines dispositions et obligations concernant les coopératives et les forains.

En un mot toutes les modifications ci-dessus ne font que constituer par voie législative et, par suite, d'une façon assurément préférable, un règlement quinquennal qui aurait pu être fait administrativement.

CHAPITRE SIXIÈME

PRINCIPAL
CENTIMES ADDITIONNELS

Les impôts, bien que perçus globalement, se composent de deux produits différents, qui sont :

Le *principal,*

Et les *centimes additionnels.*

Principal.

Le principal est la première partie de l'impôt, c'est-à-dire le chiffre assigné à une contribution pour asseoir sa perception, en vertu des principes qui la régissent.

On le confond quelquefois avec la part de l'Etat, mais rien n'est moins exact, d'abord parce qu'une petite partie du principal de certaines contributions est abandonnée aux communes, et en second lieu parce que la portion d'impôts revenant à l'Etat comprend, outre la majeure partie du principal, les centimes additionnels généraux.

La nature du principal varie selon les impôts.

Pour les impôts de répartition, c'est le contingent

fixé chaque année par la loi de finances et réparti ensuite aux quatre degrés.

Pour le foncier bâti, le principal est. nous l'avons vu, de 3 fr. 20 o/o de la valeur locative.

Enfin, pour les patentes. le principal se compose d'un droit fixe perçu en vertu de principes divers, et d'un droit proportionnel qui varie du dixième au cinquantième de la valeur locative.

Centimes additionnels.

On appelle centimes additionnels, un supplément d'impôt au principal des contributions directes.

La *genèse* de cette surtaxe est facile à concevoir; le principal étant censé réparti d'une façon équitable et les pouvoirs publics ayant à faire face à des charges nouvelles, il est inutile de modifier les principes qui régissent les contributions : on n'a qu'à élever le taux de l'impôt en créant des centimes qui viennent s'ajouter, *s'additionner* au principal, proportionnellement à celui-ci.

C'est très simple et surtout très expéditif, en ce sens qu'on n'a pas à discuter sur la meilleure répartition de l'augmentation, mais seulement sur le taux de celle-ci. Les centimes additionnels permettent aussi aux départements et aux communes qui n'ont pas de revenus de se créer des ressources.

Cependant, ceux-ci ne peuvent le faire, que dans les limites où la loi le leur permet et non pas selon

leur bon vouloir. De sorte que les conseils généraux et munipaux qui voteraient des centimes additionnels en dehors des autorisations générales ou
spéciales qui leur seraient données par le législateur
verraient certainement leurs délibérations annulées.

En disant plus haut que les pouvoirs publics ne
se préoccupent pas de la répartition de la surtaxe
qu'ils votent par voie de centimes, nous commettons
une petite erreur.

En effet, les centimes additionnels ne sont pas
mis sur toutes les contributions sans exception,
mais sur une ou plusieurs contributions déterminées, de sorte qu'en les votant on ne les répartit
que sur telle ou telle catégorie de contribuables.

La plupart de nos quatre contributions sont
actuellement grevées de centimes additionnels;
seule la cote personnelle en est exempte jusqu'ici.
(Loi du 21 avril 1832, article 19.)

Les centimes additionnels étant une taxe ajoutée
au principal suivent toujours le sort de celui-ci et
ne sauraient en être détachés.

C'est ainsi qu'un contribuable ne peut-être imposé par voie de centimes additionnels que comme
annexe et supplément du principal.

Et qu'il ne pourrait obtenir décharge ou réduction des centimes additionnels régulièrement votés
sans obtenir décharge ou réduction du principal
dont ils sont l'accessoire.

Les centimes additionnels sont votés par le législateur, les conseils généraux ou les conseils municipaux.

Ils prennent le nom de centimes *généraux, départementaux* ou *communaux,* suivant qu'ils viennent alimenter les caisses de l'Etat, des départements ou des communes.

Les centimes additionnels se subdivisent encore en centimes *facultatifs, extraordinaires ou spéciaux.*

Les centimes facultatifs sont ceux que les conseils généraux ou municipaux peuvent être autorisés à voter jusqu'à concurrence d'un maximum fixé par la loi.

Les centimes spéciaux sont ceux qui, en même temps qu'ils sont votés, reçoivent une affectation spéciale et font l'objet d'un compte distinct. Tels sont : *les centimes de l'instruction primaire, ceux des fonds de dégrèvements et non valeurs, et du fonds de secours ; les centimes affectés au traitement des gardes-champêtres, ceux pour les chemins vicinaux et ruraux, les centimes pour le service de l'assistance médicale, etc.*

Au surplus, quelques-uns de ces centimes ne sont plus spéciaux aujourd'hui en raison de ce qu'ils ne font plus l'objet d'un budget à part.

Enfin, les centimes extraordinaires sont ceux que des lois spéciales autorisent en cas d'insuffisance des centimes facultatifs.

Sur quoi portent les centimes additionnels?
— Il faut remarquer que nous disons *additionnels*
au principal.

Par suite, les centimes additionnels ne sauraient
être perçus sur d'autres centimes déjà existants,
non plus que sur les taxes assimilées.

Cependant, la loi du 29 décembre 1897, relative
à la suppression des octrois, a, par son article 4,
autorisé la création de taxes additionnelles à
certaines taxes déjà existantes; mais ce sont là
plutôt des suppléments de taxes que des centimes
additionnels proprement dits. *(Voir ci-après taxes*
de remplacement des droits d'octroi.)

Biens de l'Etat. — Nous avons dit plus haut
que les centimes additionnels étant un accessoire du
principal, on ne pouvait imposer un contribuable
aux centimes additonnels sans l'imposer au préalable au principal dont dépendent ces centimes.

Il y a cependant à cette règle une exception qui
concerne certains biens de l'Etat et qui résulte de
l'article 144 de la loi du 5 avril 1884, ainsi conçu :
« *Les forêts et bois de l'Etat acquittent les centimes*
« *additionnels ordinaires et extraordinaires affectés*
« *aux dépenses des communes dans la même propor-*
« *tion que les propriétés privées.* »

Cette exception se conçoit facilement : les forêts
de l'Etat couvrent parfois la majeure partie du
territoire d'une commune, et comme elles ne sont

pas imposées au principal (il est logique que l'Etat ne s'impose pas lui-même), le maintien de la règle qu'on n'impose aux centimes additionnels que comme accessoire du principal, entraînerait des conséquences désastreuses pour certaines communes et certainement contraires à l'équité.

Aussi, est-ce pour parer à cet inconvénient, que la loi du 5 avril 1884 a obligé l'Etat à supporter, comme les particuliers, les centimes communaux sur ses bois et forêts.

Mais, comme il s'agit ici d'une exception, l'article 5 ci-dessus doit être interprété restrictivement, et on ne saurait l'étendre aux centimes départementaux et généraux.

Accessoire. — De ce que les centimes ne sont qu'un accessoire, il ne faut pas conclure qu'ils soient une quantité négligeable et ne représentent qu'une faible partie des impositions.

Le plus souvent, les centimes dépassent le principal et parfois le triplent et le quadruplent. Ainsi nous avons sous les yeux un avertissement concernant la contribution des patentes, d'où il résulte que les centimes additionnels à cette contribution sont, pour la commune qui nous occupe, de 2 francs 29 centimes; autrement dit, sur 3 francs 29 que paie le patentable, il y a 1 franc de principal et 2 francs 29 de centimes additionnels.

CHAPITRE SEPTIÈME

TAXES ASSIMILÉES
AUX CONTRIBUTIONS DIRECTES

Les taxes assimilées aux contributions directes sont actuellement au nombre de 40 ; précédemment, on en comptait 41, mais la taxe sur les vélocipèdes a été transformée en impôt indirect par la loi du 17 avril 1906.

Toutes les taxes maintenues peuvent être classées en deux catégories comprenant :

La première catégorie, celles perçues au profit de l'Etat ou par l'Etat pour le compte de tiers ;

La deuxième catégorie, celles perçues au profit des communes.

§ Ier. — TAXES PERÇUES AU PROFIT DE L'ÉTAT OU PAR L'ÉTAT

I. Taxe des biens de mainmorte.

On appelle biens de mainmorte ceux qui appartiennent à des personnes morales, telles que les départements, les communes, les hospices, les fabriques, les congrégations religieuses, les sociétés anonymes, etc.

Ces personnalités ne transmettant jamais leurs biens par succession (puisqu'une personne morale ne décède pas), ces biens échappent au droit de mutation par décès, et il est tout naturel que le législateur ait remplacé par un impôt annuel sur ces biens, un droit que supportent tous les autres contribuables.

Cette taxe a été établie par la loi du 20 février 1849.

Elle ne porte que sur les immeubles ; les valeurs mobilières en sont exemptes.

Pour être soumis à la taxe, il faut, de plus, que ces immeubles soient passibles .de la contribution foncière, qu'ils soient productifs de revenus et, enfin, qu'ils appartiennent à l'une des personnes morales énumérées dans la loi du 20 février 1849.

Disons, en passant, que cette loi de 1849 a été modifiée :

1° Par la loi du 30 mars 1872 qui, de 62 centimes et demi a élevé la taxe qui nous occupe à 70 centimes par franc du principal de la contribution foncière ;

2° Par la loi du 14 décembre 1875 qui a exempté de la taxe certains immeubles appartenant aux sociétés anonymes ayant pour objet exclusif l'achat et la vente des immeubles ;

3° Par la loi du 29 décembre 1884 qui décide que les immeubles devenant imposables à la taxe dans le cours de l'année y sont assujettis à partir du 1ᵉʳ du mois pendant lequel ils sont devenus passibles de l'impôt ;

4° Enfin, par la loi du 31 mars 1903 dont l'article 3 a augmenté la taxe en tant qu'elle porte sur les propriétés bâties.

Calcul de la taxe. — La taxe des biens de main-morte a pour base le chiffre de la contribution foncière.

Le taux de cette taxe est, aujourd'hui, pour les propriétés bâties de 112 centimes et demi par franc du principal, et pour les propriétés non bâties de 70 centimes par franc du principal (article 3 de la loi du 31 mars 1903). Le tout outre les décimes auxquels sont astreints les droits d'enregistrement. qui sont actuellement de 2 et demi. (Loi du 30 décembre 1873, article 2.)

Pour connaître le chiffre de la taxe, il faut, au

préalable, connaître le chiffre de l'impôt foncier en principal, ce qui a lieu, on s'en souvient :

Pour la contribution foncière des propriétés non bâties, par une répartition ;

Et pour la contribution foncière des propriétés bâties, en multipliant la valeur locative par le centime-le-franc, qui est actuellement de 3 fr. 20 pour o/o en principal.

Annalité. — La taxe est due pour l'année entière, à raison des faits existants au 1ᵉʳ janvier, et ce, lors même que les immeubles qui y sont assujettis seraient, au cours de l'année, vendus à des personnes qui en sont exemptes.

Les immeubles qui, dans le cours de l'année, deviennent la propriété d'une des personnes morales indiquées par la loi de 1849, sont imposés à partir du premier jour du mois dans lequel la mutation a eu lieu et sont cotisés par voie de rôle supplémentaire. (Loi du 29 décembre 1884, article 2.)

II. Redevances sur les mines.

L'exploitation des mines n'est pas considérée comme un commerce, et leurs concessionnaires ne sont pas astreints à la patente.

Ils supportent, en revanche, un impôt spécial ainsi composé :

1º D'une redevance fixe annuelle, réglée sur

l'étendue de la concession, et qui est actuellement de o fr. 10 par hectare ;

2° D'une redevance proportionnelle établie sur le produit net des mines, et fixée chaque année par la loi de finances.

Cette redevance proportionnelle peut, toutefois, être convertie en une taxe d'abonnement et ce, sur la demande que les concessionnaires doivent faire à la préfecture avant le 15 avril. L'abonnement, une fois fixé, est maintenu pour 5 ans.

Les rôles sont publiés et recouvrés comme en matière de contributions directes. Les réclamations en décharge et réduction sont faites, instruites et jugées de la même manière.

Le recouvrement de la taxe est effectué par le percepteur.

III. Taxe militaire.

Cette taxe, qui a été créée par la loi du 15 juillet 1889, grevait tous les jeunes gens dispensés, exonérés, exemptés de tout ou partie du service militaire et les ajournés ou classés dans les services auxiliaires.

Elle a été modifiée par diverses lois et elle est due, aujourd'hui, pendant trois ans ; elle se compose d'une taxe fixe de 6 francs et d'un droit proportionnel calculé sur le principal de la cote personnelle et mobilière de l'assujetti et, s'il y a lieu, sur celle de ses ascendants au premier degré.

L'étude de cette taxe ne présente plus aujourd'hui qu'un intérêt transitoire ; la loi du 21 mars 1905 ayant réduit le service militaire à 2 ans et aboli toutes les dispenses, la taxe militaire disparaîtra complètement le 31 décembre 1908. C'est pourquoi nous croyons ne pas devoir nous étendre davantage à son sujet.

IV. Taxe sur les billards.

D'après la loi du 16 septembre 1871, les billards publics et privés sont assujettis à une taxe qui est :

A Paris, de 60 francs ;

Dans les autres villes au-dessus de 50.000 âmes, de 30 francs ;

Dans les villes de 10.000 à 50.000 âmes, de 15 francs ;

Ailleurs, de 6 francs.

Pour le calcul de la taxe, on n'a pas à examiner si un billard est situé dans la partie non agglomérée d'une ville, la taxe est graduée suivant la population de la commune.

Sont passibles de la taxe, tous les billards, qu'ils appartiennent à un particulier ou qu'ils soient situés dans un cercle ou café.

Mais on ne doit pas considérer comme billards, des jeux analogues, tels que billards anglais ou hollandais, qui n'ont de commun que le nom, avec les billards que la loi a entendu imposer.

Un billard dont on ne ferait pas usage est néan‑moins imposable, à moins qu'il ne soit démonté d'une façon telle qu'on ne pourrait en faire usage qu'après un remontage qui exigerait un temps très long. Ainsi, un billard dont le tapis et les bandes seraient enlevés, ne devrait pas être imposé (Conseil d'Etat, 19 juin 1874, Conseil de Préfecture de la Seine du 22 mars 1878); mais il n'en est pas de même de celui qui aurait seulement les bandes enlevées, ou tout au moins il y aurait doute à son sujet, car on peut facilement et promptement re‑visser les quatre bandes. (Conseil d'Etat : 24 avril 1874 ; 27 décembre 1878 ; 7 février 1890.)

Les billards appartenant à des marchands et exclusivement destinés à la vente ne sont pas imposables.

Cette taxe peut être augmentée. (Voir ci-après taxe de remplacement des droits d'octroi.)

V. Taxe sur les voitures, chevaux, mules et mulets.

Cette taxe, qui avait été établie par la loi du 2 juillet 1862, fut supprimée par celle du 8 juin 1864, en raison des protestations qu'elle soulevait.

La loi du 16 septembre 1871 rétablit la taxe en remettant simplement en vigueur la loi de 1862.

L'année suivante, la taxe fut modifiée (loi du 23 juillet 1872), puis vinrent : la loi du 22 décembre 1879, qui assujettit à la taxe les mules et mulets, et celle du 13 avril 1898 (article 3) qui imposa les automobiles.

Assiette. — Sont imposables aujourd'hui :

1° Toutes les voitures suspendues destinées au transport des personnes, même celles qui ne sont pas attelées, c'est-à-dire celles dont on ne se sert plus et les automobiles.

Une voiture non suspendue n'est pas imposable, non plus que celle exclusivement destinée au transport des marchandises.

Pour qu'une voiture soit dispensée de la taxe, il faut qu'elle soit démontée d'une façon telle qu'un long remontage soit nécessaire pour la mettre en service.

Ainsi, le Conseil d'Etat a jugé à maintes reprises qu'on devait considérer comme susceptible d'un facile remontage, et, par suite recenser les voitures dont on a enlevé les roues (Conseil d'Etat, 27 juillet 1888), les essieux ou les ressorts (Conseil d'Etat, 8 juin 1877), le timon ou les brancards (Conseil d'Etat, 23 novembre 1877). (Voir *Traité des contributions directes* de M. Dalloz, n°ˢ 9797 et suivants.)

Il faut remarquer que ces arrêts ont été rendus dans des espèces séparées, et nous croyons que si toutes les pièces mentionnées plus haut étaient démontées d'une même voiture, il y aurait lieu à exemption de la taxe.

Cependant, en présence de la jurisprudence ci-dessus, nous conseillons aux personnes qui voudraient éviter toute difficulté à cet effet, de démonter complètement les voitures hors de service, en séparant, par exemple, la caisse de ses essieux, ressorts, capotes, sièges. etc., et en séparant aussi tous les accessoires les uns des autres, par exemple les essieux des ressorts, les sièges des capotes, etc.

2° Les chevaux, mules et mulets de selle ou servant à atteler les voitures imposables.

Marchandises. — Ne sont pas assujettis à la taxe les chevaux, mules et mulets destinés à transporter exclusivement les marchandises (Conseil d'Etat. 12 mars 1875), ni ceux attelés aux voitures non suspendues. (Conseil d'Etat, 31 mars 1876.)

Sont également exemptés :

A. Voitures publiques. — Les voitures et animaux exclusivement affectés au service des voitures publiques qui sont soumis aux droits perçus par l'administration des contributions indirectes.

B. Destinés à la vente. — Les voitures, chevaux, mules et mulets exclusivement destinés à la vente ou à la location.

C. Règlements militaires. — Les voitures, chevaux, mules et mulets possédés en conformité des règlements militaires ou administratifs. Ainsi, les officiers ne sont exemptés qu'à raison du nombre de chevaux d'armes auquel ils ont droit d'après les règlements militaires.

D. Animaux de reproduction. — Les juments et étalons spécialement destinés à la reproduction.

Réductions.

La loi du 23 juillet 1872, modifiant sur ce point la loi de 1862, porte que « *la taxe est réduite de moitié pour les chevaux et voitures imposables... lorsqu'ils sont employés habituellement pour le service de l'agriculture ou d'une profession quelconque donnant lieu à l'application du droit de patente* » (sauf quelques exceptions).

Profitent donc de cette réduction de taxe, les chevaux et voitures suivants :

A. Agriculture. — Ceux qui, ordinairement employés aux travaux des champs, servent par occasion à transporter les personnes à la ville ou à d'autres promenades.

B. Commerce patenté. — Ceux servant à un commerce patenté, telle une voiture dite *maringotte* qui, se transformant, peut être utilisée pour le transport des personnes.

Tarifs.

Les voitures attelées, les chevaux, mules et mulets, sont imposables d'après le tarif ci-après établi par la loi du 22 décembre 1879, article premier, en tenant compte de la population et de la nature du véhicule.

Chevaux et Voitures.

VILLES, COMMUNES OU LOCALITÉS dans lesquelles le tarif est applicable	SOMMES A PAYER non compris le fonds de non valeurs par chaque		
	VOITURE A 4 ROUES	VOITURE A 2 ROUES	CHEVAL DE SELLE OU D'ATTELAGE
	Fr.	Fr.	Fr.
Paris......................	60	40	25
Communes autres que Paris ayant plus de 40.000 âmes de population..............	50	25	20
Communes de 21.001 à 40.000 âmes.......................	40	20	15
Communes de 10.001 à 20.000 âmes.......................	30	15	12
Communes de 5.001 à 10.000 âmes.......................	25	10	10
Communes de 5.000 âmes et au-dessous...............	10	5	5

Les voitures automobiles sont tarifées par l'article 3 de la loi du 13 avril 1898, modifié par la loi du 14 juillet 1900, en prenant pour base les élé‑

ments suivants : population, nombre de places, force motrice de la machine.

Automobiles.

VILLES, COMMUNES OU LOCALITÉS dans lesquelles le tarif est applicable	SOMMES A PAYER non compris les fonds de non valeurs		
	Pour chaque voiture automobile		Pour chaque Cheval vapeur ou portion de Cheval vapeur
	A 1 OU 2 PLACES	A PLUS DE 2 PLACES	
	Fr.	Fr.	Fr.
Paris...............	50	90	5
Communes autres que Paris ayant plus de 40.000 âmes de population..........	40	75	5
Communes de 20.001 à 40.000 âmes.................	30	60	5
Communes de 10.001 à 20.000 âmes.................	25	50	5
Communes de 10.000 âmes et au-dessous..........	20	40	5

Annalité de la taxe. — La taxe est due pour l'année entière, en raison des faits existants au 1er janvier.

Les personnes qui, au cours d'une année achètent des chevaux et voitures, en augmentent le nombre ou échangent des voitures à deux roues contre des voitures à quatre roues, sont imposées par voie de rôle supplémentaire à compter du 1er du mois dans lequel le changement ou l'acquisition a eu lieu.

Résidences diverses. — Si le contribuable a plusieurs résidences, il sera, pour les chevaux et les voitures qui le suivent habituellement, imposé dans la commune où il est soumis à la contribution personnelle, conformément à l'article 13 de la loi du 21 avril 1832.

Mais la contribution sera établie suivant la taxe de la commune, dont le chiffre de population est le plus élevé.

Pour les chevaux et les voitures qui restent habituellement attachés à l'une de ces résidences, le contribuable sera imposé dans la commune de cette résidence et suivant la taxe afférente à la population de cette commune.

Déclarations. — Les contribuables sont tenus de faire la déclaration des voitures et chevaux à raison desquels ils sont imposables, sous peine de double taxe.

Cette déclaration doit être faite avant le 15 janvier.

Le contribuable qui n'a aucun changement à faire constater, dans les faits qui ont motivé la taxe l'année précédente, n'est pas astreint à renouveler sa déclaration. (*Articles 11 et 12 de la loi du 2 juillet 1862.*)

Supplément de taxe. — Comme toutes les autres taxes assimilées aux contributions directes, celle qui nous occupe n'est pas soumise aux centimes additionnels, mais, d'après l'article 13 de la loi de 1862

« *il est ajouté à l'impôt 5 centimes par franc pour couvrir les décharges, réductions, remises ou modérations, ainsi que les frais de l'assiette de l'impôt et ceux de la confection des rôles qui seront établis, arrêtés, publiés et recouvrés comme en matière de contributions directes.* »

Part de la commune. — L'article 8 de la loi de 1862 attribuait aux communes 1/10 du produit de la taxe, mais, il a été abrogé et remplacé par l'article 10 de la loi du 23 juillet 1872 qui est ainsi conçu :

« Article 10. — Il sera attribué aux communes 1/20 du produit de l'impôt établi par l'article 4 de la loi du 2 juillet 1862 et dont l'assiette est modifiée par la présente loi, déduction faite des cotes et portions de cotes dont le dégrèvement aura été accordé. »

Comme la taxe sur les billards, la taxe sur les chevaux, voitures, mules et mulets peut être aug—mentée dans les villes où l'octroi est supprimé. *(Voir ci-après taxes de remplacement des droits d'octroi.)*

VI. Taxe sur les accidents du travail.

Cette taxe a été établie par la loi du 9 avril 1898, article 25, pour créer un fonds destiné à garantir l'ouvrier, victime d'un accident, contre l'insolvabilité de celui qui l'emploie.

Donc, au cas où le patron non assuré ne pourrait payer, c'est l'Etat, ou plus exactement la Caisse nationale des retraites pour la vieillesse qui, au moyen d'un fonds spécial de garantie, supporte l'indemnité ou la pension qui peut être allouée à l'ouvrier par les tribunaux.

Pour la constitution du fonds spécial de garantie, il a été ajouté au principal de la contribution des patentes de certaines industries, 4 centimes additionnels.

En ce qui concerne les mines, la taxe est de 5 centimes par hectare concédé.

Cette taxe est due par tous les industriels visés par l'article 1ᵉʳ de la loi du 9 avril 1898, et peut être augmentée ou diminuée chaque année par la loi de finances. *(Article 25.)*

D'après un savant auteur (Voir *Traité théorique et pratique de la législation sur les accidents du travail* de M. Adrien Sachet, 3ᵉ édition, tome 2, nº 1708), la taxe additionnelle ci-dessus, bien que revêtant la forme de l'impôt des patentes, ne constitue pas, à proprement parler, un impôt, car elle a une affectation spécialement déterminée et le produit n'en est pas versé dans les caisses de l'Etat qui n'auraient pas le droit d'en disposer pour un service public.

Néanmoins, comme son recouvrement est confié à l'administration des contributions directes, nous avons cru devoir lui consacrer ici les quelques lignes qui précèdent.

VII. Taxe sur les cercles.

Cette taxe a été établie par la loi du 16 septembre 1871, dont l'article 9 est ainsi conçu :

« *Article 9. — Il est établi sur les cercles, sociétés et lieux de réunions où se payent des cotisations, une taxe réglée, à la fois sur le montant des cotisations, y compris les droits d'entrée et sur le montant de la valeur locative des bâtiments, locaux et emplacements affectés à l'usage de l'établissement, d'après les catégories suivantes :*

1re catégorie : Cercles dont les cotisations s'élèvent à 8.000 francs et au-dessus, ou la valeur locative à 4.000 francs et au-dessus.

20 pour cent du montant des cotisations et 8 pour cent du montant de la valeur locative.

2e catégorie : Cercles dont les cotisations sont de 3.000 fr. et au-dessus, mais inférieures à 8.000 fr., ou dont la valeur locative est de 2.000 francs et au-dessus, mais n'atteint pas 4.000 francs.

10 pour cent du montant des cotisations et 4 pour cent du montant de la valeur locative.

3ᵉ catégorie : *Cercles dont les cotisations sont inférieures à 3.000 francs et la valeur locative inférieure
à 2.000 francs.*

5 pour cent du montant des cotisations et 2 pour
cent du montant de la valeur locative. . . . .

. . . .

*Ne sont pas assujetties à la taxe, les sociétés de
bienfaisance et de secours mutuels, ainsi que celles
exclusivement scientifiques, littéraires, agricoles,
musicales, dont les réunions ne sont pas quotidiennes.*

Après la transcription de cet article, nous avons
peu de chose à dire de cette taxe.

Ajoutons, cependant, qu'elle diffère des contributions directes et autres taxes assimilées, en ce
sens qu'elle a pour base des faits accomplis.

L'impôt qui nous occupe est, en effet, perçu sur
les cotisations encaissées effectivement *et d'après la
valeur locative des locaux affectés au cercle pendant
l'année précédente.*

Ce n'est que l'année suivante que la taxe est due,
et la déclaration doit être faite avant le 31 janvier,
à peine d'une double taxe.

Par suite, si un nouveau cercle se fonde, il ne
paiera la taxe afférente à l'année de la fondation
que l'année suivante.

Si un cercle cesse d'exister, la taxe doit être
payée l'année après sa dissolution.

VIII. Autres taxes
perçues au profit de l'Etat
ou par l'Etat.

Ces taxes, que nous ne ferons qu'indiquer en raison du peu d'intérêt qu'elles présentent pour cet ouvrage, sont les suivantes :

1° Taxe de vérification des poids et mesures (*Voir article 7 de la loi du 4 juillet 1887 et décret du 17 décembre 1894*);

2° Droits de vérification des alcoomètres et densimètres ;

3° Droit de visite des pharmacies, épiceries, drogueries, herboristeries (*Arrêté du 25 thermidor an II*) ;

4° Taxe d'inspection des établissements d'eaux minérales ;

5° Frais de surveillance des fabriques de margarine (*Voir la loi du 16 avril 1897, article 8, décret du 9 novembre 1897, article 18, et article 10 de la loi du 3 avril 1898*);

6° Droit d'épreuve des appareils à vapeur (*Articles 6 et 7 de la loi du 18 juillet 1892*);

7° Taxe des frais et honoraires dus aux ingénieurs des ponts et chaussées et des mines pour leur intervention dans les affaires communales ou privées (*Loi du 30 juillet 1885*);

8° Frais de surveillance et de contrôle concernant les encouragements à la sériciculture et à la filature de la soie (*Voir article 4, loi du 2 avril 1898, décret du 28 mai 1898, loi du 28 juillet 1898, et article 7 de la loi du 13 juillet 1900*);

9° Remboursement des travaux effectués d'office au compte des usagers des cours d'eau non navigables (*Lois du 20 août 1790 et 13 juillet 1900*);

10° Taxe de curage des cours d'eau non navigables ni flottables (*Voir articles 23 et 24 de la loi du 8 avril 1898*);

11° Taxe d'arrosage perçue au profit des concessionnaires de canaux d'irrigation (*Article 25 de la loi du 23 juin 1857*);

12° Taxe relative aux travaux de défense contre les inondations (*Loi du 28 mai 1858*);

13° Frais de travaux de sécurité, exécutés d'office dans les mines et carrières;

14° Enfin, recouvrement des rétributions des délégués mineurs. (*Article 16 de la loi du 8 juillet 1890 et article 14 de la loi du 26 décembre 1890.*)

---

§ 2. — TAXES PERÇUES AU PROFIT DES COMMUNES

I. Taxe sur les chiens.

En créant cet impôt, le législateur n'a pas eu pour seul but, de procurer des ressources aux communes, mais surtout de réduire le plus possible la matière imposable et, par suite, de diminuer les accidents causés par la rage.

C'est la loi du 2 mai 1855, complétée par le décret du 4 août de la même année, qui réglemente cette taxe.

La taxe est établie au profit des communes, l'article 1er de la loi le dit formellement, mais il n'en résulte pas qu'elle soit facultative pour elles ; elle est, au contraire, obligatoire.

Bien mieux, la loi fixe le maximum et le minimum de la taxe dans son article 2 qui est ainsi conçu :

« *Cette taxe ne pourra excéder 10 francs ni être inférieure à 1 franc.* »

Il ne faut pas croire non plus que dans les limites du maximum et du minimum fixées par cet article, les communes puissent déterminer le chiffre de la taxe ; elles ont seulement le droit de le proposer, et le tarif de chaque commune, qui peut être revisé tous les 3 ans, est établi par décret rendu en Conseil d'Etat après avis du conseil général. (*Article 3 de la loi.*)

Le recouvrement de la taxe a lieu comme en matière de contributions directes.

Assiette de la taxe. — Le décret du 4 août 1855 a classé les chiens en deux catégories ; il ne pourrait donc, dans l'état de la législation actuelle,

être créé une troisième catégorie, ni une classe
unique.

La taxe la plus élevée porte sur les chiens d'a-
grément ou servant à la chasse.

La taxe la moins élevée porte sur les chiens de
garde, comprenant ceux qui servent à guider les
aveugles, à garder les troupeaux, les habitations,
magasins, ateliers, etc., et en général, tous ceux
qui ne sont pas compris dans la catégorie précédente.

Les chiens qui (en raison de leur caractère mixte)
peuvent être classés dans la première ou dans la
seconde catégorie, sont rangés dans celle dont la
taxe est le plus élevée. (*Article 1er du décret du
4 août 1855.*)

Il est quelquefois très difficile d'établir une distinction, entre un chien de garde et un chien
d'agrément.

Le conseil d'Etat, par une jurisprudence cons-
tante, paraît fixé dans le sens suivant :

Doivent être considérés comme chiens d'agrément,
tous chiens admis dans les appartements, accom-
pagnant leurs maîtres dans leurs promenades ou
errant librement sur la voie publique.

Au contraire, on doit considérer comme chiens
de garde et classer dans la seconde catégorie :

1° Les chiens attachés ordinairement à leur
niche et ne sortant, en tous cas, qu'exceptionnelle-
ment des cour, jardin ou office.

2° Ceux gardant les voitures sur la voie publique pendant que leurs maîtres font des livraisons, tels, dans les villes, les chiens des camionneurs, maraîchers, etc.

En ce qui concerne les chiens de chasse, on ne doit pas considérer la race mais bien l'usage que l'on fait de l'animal ; ainsi, on doit considérer et classer comme chien de chasse celui qui, tout en étant d'une race impropre à la chasse, accompagne ordinairement son maître dans ses courses cynégétiques.

Annalité de la taxe. — La taxe est due pour les chiens possédés au 1er janvier, à la seule exception de ceux qui, à cette époque, sont encore nourris par la mère. Ainsi, tous les chiens, quels qu'ils soient, qui ne sont plus à la mamelle, sont assujettis à la taxe, même les chiens possédés par un marchand de chiens et destinés à la vente. (Conseil d'Etat, 3 mars 1894.)

La taxe est due pour l'année entière.

Déclarations aux mairies. — Les propriétaires de chiens doivent déclarer en mairie, les chiens qu'ils possèdent et les usages auxquels ils sont destinés.

Ces déclarations sont reçues du 1er octobre au 15 janvier de l'année suivante.

Il est délivré au déclarant un récépissé de sa

déclaration, qui est inscrite sur un registre et signée par le propriétaire.

Ceux qui auront fait la déclaration avant le 1ᵉʳ janvier doivent la rectifier, si un changement survient dans le nombre ou la destination de leurs chiens (décret du 4 août 1855, article 5).

Les déclarations sont valables tant que les faits qui y ont donné lieu subsistent, mais, en cas de changements survenus dans les bases de la cotisation, elles doivent être renouvelées.

Pénalités. — Dans la pratique, il arrive le plus souvent que les possesseurs de chiens ne font aucune déclaration ; les maires, pour éviter des désagréments à leurs administrés font, d'ordinaire, faire chaque année un recensement général des chiens de la commune, et imposent d'office les propriétaires de ceux-ci.

Bien que cette manière de faire soit louable de la part des magistrats qui procèdent ainsi, nous conseillons aux propriétaires de chiens de ne pas trop compter sur la municipalité et de faire leurs déclarations, à défaut de quoi ils risquent d'encourir une amende qui est :

D'un double droit s'il n'a pas été fait de déclaration ;

D'un droit en sus si la déclaration est erronée

Le tout outre la taxe qui est due régulièrement.

De sorte que la taxe est triplée à défaut de déclaration et doublée en cas de déclaration erronée.

II. Prestations pour l'entretien des chemins vicinaux.

D'après la loi du 21 mai 1836, articles 1 et 2, l'entretien des chemins vicinaux ordinaires et, dans certains cas, des chemins vicinaux de grande communication, est à la charge des communes qui, en cas d'insuffisance des ressources, pourvoient à cet entretien à l'aide soit des prestations en nature dont le maximum est de trois journées de travail, soit de centimes additionnels spéciaux aux 4 contributions directes et dont le maximum est fixé à 5.

Tout habitant, chef de famille ou d'établissement à titre de propriétaire, régisseur, de fermier ou de colon partiaire porté au rôle des contributions directes, doit les prestations :

1° Pour lui et pour chaque individu mâle, valide, âgé de 18 ans au moins et 60 ans au plus, membre ou serviteur de la famille et résidant dans la commune ;

2° Pour chacune des charrettes ou voitures attelées et, en outre, pour chacune des bêtes de somme, de trait, de selle, au service de la famille ou de l'établissement dans la commune.

La prestation est appréciée en argent et payable

comme telle si l'assujetti n'a pas fait connaître, dans le délai voulu, son intention de l'acquitter en nature.

Beaucoup de communes, déjà chargées des 5 centimes additionnels maxima pour l'entretien des chemins vicinaux, étaient contraintes de conserver les trois journées de prestation en nature ; il en résultait une charge très lourde pour les petits contribuables, alors que de gros propriétaires fonciers, étrangers à la commune, échappaient à l'impôt des prestations.

D'autre part, dans beaucoup de communes, les prestations étaient insuffisantes pour l'entretien des chemins vicinaux.

C'est pour remédier à cet état de choses que l'article 5 de la loi de finances du 31 mars 1903 a autorisé les conseils municipaux à remplacer le produit des journées de prestations par une taxe vicinale représentée par des centimes additionnels aux 4 contributions, les redevables conservant toujours la faculté de se libérer en nature.

Le remplacement peut porter sur la totalité ou sur une partie seulement des prestations.

III. Taxes de remplacement des droits d'octroi.

Ces taxes ont ceci de particulier qu'elles sont, dans certains cas, une addition à d'autres taxes.

La loi du 29 décembre 1897 a décidé la suppression des octrois et, par son article 4, a autorisé les communes à remplacer la partie qui lui revenait dans ces droits, soit par des centimes additionnels dont le chiffre ne peut excéder 20, soit par des taxes nouvelles.

C'est ainsi que les commerçants de boissons peuvent être astreints à un droit supplémentaire de licence composé d'un droit fixe et d'un droit proportionnel et que les communes peuvent créer :

1° Sur les chevaux, mules, mulets, voitures et automobiles; 2° sur les billards publics ou privés; 3° sur les cercles ; 4° sur les chiens, des taxes supplémentaires qui, dans aucun cas, ne peuvent dépasser le principal de celles existant déjà. (*Article 4 de la loi*).

Il va sans dire que seules les communes ayant des octrois peuvent recourir à ces taxes ; il ne saurait, en effet, être question de taxes de remplacement de droits d'octroi où il n'y en a pas.

IV. Subventions pour dégradations de chemins.

Certaines industries, telles que les exploitations de mines, carrières, forêts, etc., ont à faire transporter des matériaux fort lourds et défoncent le plus souvent les chemins qui avoisinent ces exploitations.

C'est pour réparer ces dégâts, que l'article 14 de la loi du 21 juin 1836 autorise les communes, à demander des subventions spéciales, aux exploitants qui dégradent habituellement, ou temporairement les chemins vicinaux.

Ces subventions, qui peuvent être acquittées en argent ou en prestations en nature, sont réglées annuellement par les conseils de préfecture, après des expertises contradictoires, et recouvrées comme en matière de contributions directes.

En ce qui concerne les chemins ruraux, voir l'article 11 de la loi du 20 août 1881.

V. Autres taxes communales.

Enfin, parmi les taxes à percevoir au profit des communes, nous devons énumérer les suivantes sur lesquelles nous ne nous étendrons pas davantage.

Le recouvrement de ces taxes comme, du reste, celui des précédentes, s'effectue comme en matière de contributions directes :

1º Droits de voirie à Paris (*Voir décret du 27 octobre 1808, article 6*);

2º Taxe de vidange ;

3º Taxe d'affouage (*Voir lois du 17 août 1828, article 1ᵉʳ, du 18 juillet 1837, article 31 et 44, du 5 avril 1884, articles 133 et 140*);

4º Taxe de pâturage (*Loi du 5 avril 1884, articles 133 et 140*);

5° Taxe pour l'entretien du troupeau commun (*Loi du 5 avril 1884, articles 133 et 140*);

6° Taxe de pavage ;

7° Taxe des trottoirs (*Loi du 7 juin 1845*);

8° Taxe du balayage (*Loi du 26 mars 1873 pour la ville de Paris, et articles 133 et 140 de la loi du 5 avril 1884 pour les autres localités*);

9° Taxe pour les travaux de salubrité publique (*Articles 33 et 37 de la loi du 16 septembre 1807, et article 23 de la loi du 21 juin 1898*);

10° Taxe pour travaux de sécurité publique (*Loi du 21 juin 1898*;

11° Frais de destruction des insectes et végétaux nuisibles (*Loi du 21 juin 1898, articles 76 à 80*);

12° Taxe relative à l'entretien des bourses et Chambres de commerce (*Loi du 15 juillet 1880, article 38*);

13° Droit des pauvres. (*Loi du 7 frimaire an V.*)

VI. Taxes syndicales.

Les associations syndicales, autorisées conformément à la loi du 21 juin 1865 et formées en vue des travaux spécifiés dans l'article 1er de cette loi, peuvent bénéficier de certaines taxes perçues à leur profit.

Le cadre de cet ouvrage ne nous permet pas d'entrer dans des détails au sujet de ces taxes assez rares et qui, du reste, présentent peu d'intérêt pratique.

Disons seulement que leur recouvrement s'effectue comme en matière de contributions directes.

Généralités.

Exemptes de centimes additionnels. — Toutes les taxes assimilées énumérées ci-dessus, qu'elles soient perçues au profit de l'Etat, des communes ou des associations syndicales, ne sont pas soumises aux centimes additionnels.

Les taxes de remplacement des droits d'octroi viennent bien augmenter d'autres taxes déjà existantes, mais on a vu plus haut qu'il s'agit plutôt de taxes nouvelles, que de suppléments de taxes et, en tous cas, que ces taxes de remplacement, lorsqu'elles portent sur les taxes spécialement déterminées par la loi du 29 décembre 1897, ne sont pas des centimes additionnels.

La même loi de 1897 autorise bien aussi la création de nouveaux centimes additionnels en remplacement des droits d'octroi, mais, dans ce cas, ces nouveaux centimes ne portent que sur le principal des contributions et non sur les taxes assimilées.

Ne grèvent pas les centimes. — D'autre part, les taxes assimilées, lorsqu'elles sont proportionnelles, ne portent que sur le principal spécialement désigné par les lois en la matière et non sur les centimes additionnels grevant ce principal.

Il en est ainsi notamment en ce qui concerne :

1º La taxe pour les accidents du travail qui ne grève que le principal de la patente de certains industriels ;

2º La taxe pour l'entretien des bourses et Chambres de commerce qui ne porte que sur le principal de la patente de certains commerçants ;

3º La taxe militaire qui ne se calcule que sur le principal de la contribution mobilière.

Différence entre les centimes additionnels et les taxes assimilées. — Certaines taxes étant proportionnelles, on se demande quelle différence il y a entre elles et les centimes additionnels.

Le point qui, selon nous, caractérise la différence est le suivant :

Les centimes additionnels établis sur le principal d'une contribution grèvent tous les contribuables assujettis à cette contribution, sans exception ;

Les taxes assimilées, lorsqu'elles sont établies proportionnellement au principal d'une contribution, n'atteignent qu'une catégorie de contribuables imposés à cette contribution.

APPENDICE

A LA PREMIÈRE PARTIE

———

Rôles.

Les contributions directes et les taxes assimilées sont perçues au moyen de rôles nominatifs rendus exécutoires par l'autorité administrative.

Matrice des rôles. — On appelle matrices des rôles, des registres dressés chaque année dans la direction des contributions directes, pour constater la matière imposable.

Le rôle est une expédition résumée des matrices.

C'est un état collectif de liquidation de la créance de l'Etat contre les contribuables qui, lorsqu'il a été émis et publié, constitue le titre exécutoire à l'aide duquel l'administration recouvrera l'impôt. (Dalloz, *Traité des contributions directes*, n°ˢ 481 et suivants.) On peut le comparer à la grosse d'un acte notarié.

On distingue plusieurs espèces de rôles : les rôles

généraux, les rôles spéciaux, les rôles supplémentaires, les rôles auxiliaires et les rôles particuliers.

Les **rôles généraux** sont, comme le nom l'indique, ceux qui concernent la généralité d'une contribution.

Les **rôles spéciaux** sont ceux qui ont trait à une spécialité ; par exemple lorsque des centimes additionnels votés régulièrement n'ont pas été portés à la connaissance du préfet avant l'émission des rôles généraux, il est émis un rôle spécial, ce qui n'a lieu, toutefois, qu'en cas d'imposition urgente et après consultation des communes intéressées, car les frais de cette émission leur incombe.

Les **rôles supplémentaires,** qui ne peuvent être établis que pour certains impôts, sont émis dans le but d'atteindre de nouveaux contribuables ou de constater les changements survenus dans la matière imposable, au cours d'une année. Exemple : un commerçant s'établit le 15 juillet, il est imposé par voie de rôle supplémentaire à compter du 1er juillet.

On appelle **rôles auxiliaires,** les rôles qui divisent la cote foncière d'un propriétaire entre ses fermiers par application de l'article 6 de la loi du 4 août 1844.

Rôles particuliers. — Enfin, l'article 6 de la loi du 8 août 1890 a créé une cinquième catégorie de rôles en décidant que les constructions nouvelles, les reconstructions et les additions de constructions, seront imposées tant à la contribution foncière, qu'à celle des portes et fenêtres, au moyen de *rôles particuliers*.

Depuis 1845, on dresse un rôle pour les trois premiers impôts (impôt foncier, impôt personnel-mobilier et impôt des portes et fenêtres) et un rôle séparé pour les patentes.

Pour les grandes villes, il est dressé deux matrices distinctes : une pour la contribution foncière et des portes et fenêtres, et l'autre pour la personnelle-mobilière et les patentes. Les rôles sont divisés, par suite, de la même façon.

Quant aux taxes assimilées il est, en principe, émis un rôle spécial par taxe. Toutefois, depuis 1897, on réunit en un seul rôle les taxes sur les billards et les chevaux et voitures.

Emission des rôles. — Les rôles de toutes les contributions directes et de toutes les taxes assimilées, sont émis et rendus exécutoires par le préfet.

L'émission consiste dans l'apposition, au bas du rôle, d'une formule exécutoire dans laquelle le préfet, après avoir certifié qu'il a vérifié le contenu du rôle, en arrête le montant, mande aux percepteurs d'en faire le recouvrement et enjoint à tous les contribuables, à leurs représentants, fermiers, locataires, etc., d'acquitter les sommes qui y sont contenues à peine d'y être contraints par les voies de droit. (Circulaires du ministre des finances des

17 octobre 1828 et 14 septembre 1829. — Dalloz, *Traité des contributions directes,* n°s 503 et suiv.)

Un préfet ne peut, évidemment, rendre exécutoires que les rôles des contributions concernant son département ; lorsqu'il a émis un rôle il ne peut rien y changer ; il ne pourrait pas, par exemple, changer le nom d'un contribuable, ni annuler le rôle pour lui en substituer un autre.

Les omissions sont réparties au moyen de rôles supplémentaires.

Publication. — La publication est la notification officielle de la créance de l'Etat sur tous les contribuables, qu'elle met en demeure de payer ou, s'il y a lieu, de réclamer.

C'est à partir de cette date que courent les délais des réclamations.

La publication a lieu dans la forme indiquée par les articles 5 et 6 de la loi du 4 messidor an VII ; elle consiste dans une affiche, sur papier non timbré, que le maire doit faire apposer à la porte principale de la mairie et aux endroits accoutumés.

Cette publication ne peut être différée sous aucun prétexte et doit être faite le dimanche qui suit la réception du rôle. (Loi du 4 messidor an VII, article 4, et loi du 11 juillet 1901.)

Avertissement. — L'avertissement est un extrait individuel du rôle adressé à chaque contribuable séparément. C'est une notification à lui faite de la somme qu'il a à payer.

Cet avertissement, qui est compté 5 centimes au contribuable pour frais d'impression et de remise, est divisé en deux colonnes indiquant : l'une la part de contribution revenant à l'Etat, et l'autre la part revenant au département et à la commune. (Loi du 18 juillet 1892, article 30.)

Mutations.

Les rôles se renouvellent chaque année.

Les changements auxquels leur confection donne lieu, par suite des modifications survenues dans la matière imposable, constitue le travail des mutations.

Ce travail, qui est réglementé par l'*Instruction générale du 2 mars 1866*, comprend :

1º La réception des déclarations de mutations foncières, la rédaction et la vérification des feuilles sur lesquelles sont portées les parcelles objet des changements ;

2º La recherche des propriétés devenues imposables ou ayant cessé de l'être ;

3º Le relevé des constructions et démolitions totales ou partielles ;

4º La formation de l'état des changements de la taxe de main-morte ;

5° La formation des états des changements concernant la contribution des portes et fenêtres et la contribution personnelle et mobilière, ainsi que les rectifications des noms, prénoms, professions et demeures des contribuables ;

6° La ventilation des baux ;

7° L'établissement des matrices des patentes ;

8° La rédaction ou la rectification de l'état matrice des prestations ;

9° Les recherches complémentaires relatives à l'assiette de la contribution sur les voitures, chevaux, mules et mulets, de la taxe sur les billards publics et privés, et de la taxe sur les cercles, sociétés et lieux de réunion ;

10° L'application de tous ces changements sur les matrices de la direction et sur celles des communes.

Ce travail, qui a lieu sur la demande des parties intéressées, peut aussi être effectué d'office ; il est divisé entre le contrôleur et le percepteur.

Une tournée générale a lieu chaque année pour l'exécution du travail des mutations ; elle est précédée et suivie de tournées spéciales.

Les tournées spéciales concernant les mutations foncières sont faites par le percepteur.

Celles relatives aux autres impôts et aux mutations foncières de la commune où réside le contrôleur, incombent à ce dernier.

Mutations foncières. — Les époques des tournées sont arrêtées par le directeur des contributions directes et annoncées dans les communes, 15 jours à l'avance, par des affiches adressées aux maires, chargés de les faire apposer.

Le plus souvent, le percepteur, qui est avisé par des renseignements émanant de l'enregistrement, convoque les parties intéressées, mais nous conseillons ceux qui ont des mutations à faire effectuer de ne pas trop compter sur cette convocation et de s'inquiéter de l'époque des tournées.

Le percepteur effectue les mutations sur le vu des actes ou de notes émanant des notaires qui les ont reçus;

En l'absence d'acte ou de note sur les déclarations des parties intéressées;

Enfin, en l'absence de tout acte et de toutes parties, la mutation peut, dans certains cas, être faite d'office sur la signature des répartiteurs.

Toutes ces mutations sont effectuées sur des feuilles spéciales qui sont adressées à la direction des contributions directes.

Le directeur, après avoir vérifié ces feuilles, fait effectuer les mutations sur les matrices cadastrales de la direction, et envoie les renseignements nécessaires au contrôleur, qui reste chargé d'appliquer le travail des mutations sur les matrices des communes.

Le contrôleur est autorisé, soit à effectuer lui-même ce travail dans son bureau, soit à se faire aider, sous sa responsabilité. par des auxiliaires approuvés par le directeur.

Dans l'un et l'autre cas, le contrôleur peut déplacer les matrices cadastrales et générales déposées dans les mairies, mais il doit les réintégrer dans un délai de quinze jours au plus, sous peine de se voir retirer la faculté de les déplacer à l'avenir. *(Art. 169 de l'instruction générale du 2 mars 1866.)*

Les frais de transport des matrices sont à la charge du contrôleur qui reste responsable des détériorations que le déplacement pourrait leur faire éprouver. *(Même article.)*

Le travail d'application des mutations foncières sur les matrices cadastrales est organisé de telle façon que les matrices de la direction correspondent exactement à celles des communes, que chaque contribuable a, sur les registres de l'une et de l'autre. son compte ouvert à la même page, et que chaque parcelle foncière est mise à la même ligne de cette page.

Mutations en dehors du cadastre. — Tout ce qui concerne le travail des mutations en dehors du cadastre est effectué par le contrôleur, avec l'assistance des répartiteurs.

Il n'y a que pour la matrice des patentes où les répartiteurs n'aient pas à intervenir.

S'il s'agit de la contribution personnelle et mobilière, le contrôleur procède en faisant l'appel des contribuables inscrits, en présence des répartiteurs, qui présentent leurs observations ; il supprime les personnes décédées et inscrit les nouveaux habitants.

Pour les portes et fenêtres et le foncier bâti, il relève les constructions nouvelles et additions de constructions qui seront imposées pour l'année suivante, et supprime les démolitions totales ou partielles qui doivent disparaître.

Dans les communes comptant moins de 100 patentés, le contrôleur procède au recensement des patentes lors de la tournée générale. Au cas contraire, ce recensement fait l'objet d'une tournée spéciale.

Lorsque la matrice des patentes a été dressée, elle est déposée au secrétariat de la mairie où les intéressés peuvent, pendant dix jours, en prendre connaissance et consigner leurs observations.

Un autre délai de dix jours est accordé pour que le maire lui-même puisse produire ses observations; après l'expiration de ce deuxième délai, la matrice est adressée au directeur des contributions directes.

Le recensement de la matière imposable concernant les taxes assimilées est également fait par le contrôleur, avec l'assistance des répartiteurs.

Réclamations.

Tout contribuable qui se croit imposé à tort, ou surtaxé, peut former une demande en décharge ou réduction.

Mairie. — A cet effet, il existe dans chaque mairie un registre à souche sur lequel les contribuables peuvent faire leurs déclarations.

Ces déclarations sont faites sans frais ; il en est donné récépissé.

Les demandes que le contrôleur, d'accord avec le maire et les répartiteurs, reconnaît, après examen sommaire, être entièrement fondées, sont seules retenues.

Celles qui ne paraissent pas exactes, dont l'objet n'est pas suffisamment précisé, ou qui ne pourraient être vérifiées immédiatement, doivent être écartées.

Cette procédure sommaire a été instituée par l'article 2 de la loi du 21 juillet 1887.

Les contribuables dont la réclamation n'est pas admise conservent le droit de présenter des demandes en dégrèvement dans les formes ordinaires, pendant un mois à partir de la notification qui leur est faite et, en tous cas, jusqu'à l'expiration du délai de trois mois accordé pour faire en sous-préfecture toutes les demandes en dégrèvements.

La procédure à employer alors, soit que la réclamation faite en mairie ait été rejetée, soit qu'il n'y ait pas eu de demande, est la suivante :

La demande en dégrèvement doit être adressée au sous-préfet.

Qualités. — Le droit de réclamation est personnel. c'est-à-dire qu'il n'appartient qu'au contribuable inscrit sur le rôle.

Et l'on ne peut réclamer pour un autre contribuable que si l'on justifie d'un mandat régulier de celui-ci. Le mandat doit être, à peine de nullité, écrit sur papier timbré et enregistré, à moins que la demande à laquelle il s'applique n'ait pour objet une cote inférieure à 3o francs. *(Article 28 de la loi du 21 avril 1832, modifié par la loi du 13 juillet 1903.)* La feuille de timbre dont il est question ici est le timbre de dimension de o fr. 6o, le droit d'enregistrement est de 3 fr. 75.

Ces frais, comme les frais de timbre de la demande, sont remboursés au réclamant si sa réclamation est reconnue fondée.

Forme. — La demande, qu'elle émane du réclamant lui-même, ou qu'elle soit faite par le mandataire, doit être rédigée sur une feuille de timbre de o fr. 6o, toutes les fois qu'elle porte sur une cote supérieure à 3o francs.

Elle doit mentionner, à peine de non recevabilité, la contribution à laquelle elle s'applique et, à défaut de production de l'avertissement, le numéro de l'article du rôle sous lequel figure cette contribution ; elle doit encore contenir, indépendamment de l'indication de son objet, l'exposé sommaire des moyens par lesquels son auteur prétend la justifier. (*Même article 28 modifié.*)

Il doit être formé une demande distincte pour chaque commune.

Les demandes entachées d'un vice de forme, au lieu d'être purement et simplement déclarées non recevables, doivent être déposées à la sous-préfecture, et le réclamant est avisé des formalités complémentaires qu'il a à remplir pour les régulariser. Le réclamant a, pour la régularisation, un délai de dix jours. (*Même article 28 modifié.*)

Suspension de paiement. — Le réclamant ne peut suspendre le paiement des douzièmes échus de sa contribution sous prétexte qu'il a fait une réclamation ; il a seulement la faculté, lorsque sa réclamation n'aura pas été jugée dans les 6 mois qui suivront sa présentation, de différer, dans les limites du dégrèvement sollicité par lui, le paiement de la contribution contestée, à la condition d'avoir préalablement, dans sa demande, manifesté cette intention et fixé le montant, ou les bases du dégrèvement auquel il prétend (1). (*Loi du 21 avril 1832, article 28 modifié.*)

Délais. — Les délais pour faire les réclamations courent à partir du jour de la publication du rôle.

Ils sont :

1º D'un mois pour présenter ces réclamations en mairie sur le registre *ad hoc ;*

2º De trois mois pour les faire en sous-préfecture, ou à la préfecture pour les arrondissements chefs-lieux ;

3º De six mois pour faire aux mêmes autorités les réclamations concernant la contribution foncière des propriétés bâties. (Loi du 8 août 1890.)

Conseil de préfecture. — C'est le conseil de préfecture qui statue sur les réclamations, et il peut être interjetté appel de sa décision au conseil d'Etat.

Expertise. — En cas de contestation sur la valeur locative servant d'assiette aux diverses contributions, il est procédé à une expertise.

Si l'expertise est confiée à trois experts, l'un est nommé par le réclamant, le deuxième par l'admi-

---

(1) Il faut remarquer qu'on ne peut différer le paiement des derniers douzièmes à échoir qu'autant que la réclamation est faite avant le 1ᵉʳ juillet, autrement le délai de 6 mois expire après le 31 décembre et l'on ne peut plus rien retenir, tous les douzièmes étant échus.

nistration, le troisième par le conseil de préfecture.

Si les parties, c'est-à-dire l'administration et le réclamant. conviennent d'avoir recours à un seul expert, ce dernier est alors nommé par le conseil de préfecture. (*Loi du 17 juillet 1895, art. 16.*)

Les frais de l'expertise sont supportés par la partie qui succombe : ils peuvent être compensés en tout ou en partie. c'est-à-dire qu'au cas où il est accordé seulement une partie du dégrèvement demandé, les frais d'expertise peuvent être imputés sur le dégrèvement, ce qui est décidé par le conseil de préfecture.

Formules de réclamations.

I

Demande en réduction de cote mobilière.

Le.....................19

Monsieur le Sous-Préfet,

Le soussigné (noms, prénoms, profession, domicile).

À l'honneur de vous exposer ce qui suit :

Il est imposé pour l'année 19..... sous l'article.......... du rôle de la commune de........................... pour sa cote mobilière, sur un loyer de........

La valeur attribuée à son logement est sensiblement exagérée par comparaison avec ceux des autres contribuables de la commune ; ce logement ne se louerait pas plus de ....

En conséquence il vous prie, Monsieur le Sous-Préfet, de vouloir bien faire ramener sa valeur locative à......., chiffre normal. et le faire décharger pour le surplus.

Dans l'espoir que vous voudrez bien prendre sa requête en considération, le soussigné a l'honneur d'être, Monsieur le Sous-Préfet,

Votre dévoué serviteur.

II

Demande en réduction d'impôt foncier de propriété bâtie, faite par un mandataire.

Le........................19.

Monsieur le Sous-Préfet,

Le soussigné........................ agissant, suivant procuration sous seing privé en date du................ au nom et comme mandataire de M..

A l'honneur de vous exposer ce qui suit :

Monsieur........................ propriétaire, demeurant à........................ est imposé sous l'article........ du rôle de la commune de................ pour la contribution foncière des propriétés bâties pour l'année 1907, sur un revenu net de 4.000 francs, alors que précédemment, notamment pour l'année 1906, sous le même article du rôle, il n'était imposé que pour un revenu de 3.000 francs.

Tout en faisant d'autres réserves sur le chiffre de 4.000 francs de revenu qui lui est assigné et qui est de beaucoup supérieur aux 3/4 du revenu actuel des immeubles qu'il possède, M... vous prie de remarquer que le revenu servant de base à sa contribution foncière des propriétés bâties ne peut être augmenté au cours d'une période décennale alors qu'il n'a fait aucune addition, ni construction nouvelle. (Loi du 8 août 1890, art. 8.)

On ne peut en effet considérer comme construction ni addition de construction les réparations intérieures que M... a fait effectuer à son immeuble. (Conseil d'Etat, 22 novembre 1895.)

En conséquence, le soussigné vous prie, Monsieur le Sous-Préfet, de vouloir bien faire réduire le revenu des propriétés bâties de M... à 3.000 francs et baser sa contribution sur ce chiffre.

Dans l'espoir, etc.

III

Demande de changement de classe sur la contribution des patentes.

Le ....

Monsieur le Sous-Préfet,

Le soussigné, ...
a l'honneur de vous exposer ce qui suit :

Il est imposé pour l'année 19....., sous l'article ...... du rôle de la commune de .... pour la contribution des patentes comme maître d'hôtel, 3ᵉ classe, au 20ᵉ sur une valeur locative de 800 francs.

Or on ne saurait considérer comme hôtel dans le sens propre du mot, l'établissement du pétitionnaire, qui ne peut être classé que comme aubergiste.

En conséquence, le soussigné vous prie, Monsieur le Sous-Préfet, de vouloir bien le faire classer à la contribution des patentes ainsi qu'il suit :

Aubergiste : 5ᵉ classe.

Droit fixe : 9 francs.

Et demande décharge pour le surplus.

Le soussigné demande, en outre, à ce que la présente demande soit jugée définitivement dans les six mois, à défaut de quoi il se croira autorisé à différer, dans les limites du dégrèvement sollicité, le paiement des derniers douzièmes à échoir de sa contribution.

Dans l'espoir, etc.

DEUXIÈME PARTIE

COMMISSAIRES RÉPARTITEURS

Définition.

Ainsi qu'on l'a vu au commencement de cet ouvrage sous le titre *Introduction*, les répartiteurs sont des citoyens nommés chaque année, pour répartir entre les contribuables d'une même commune, le chiffre d'impôts assigné à cette commune et que l'on nomme contingent.

On les appelle aussi *classificateurs* et *péréquateurs*, de péréquation, qui signifie répartition meilleure, plus exacte, mais ce dernier mot, qui a été employé par Voltaire, a bien vieilli et n'est plus guère usité dans l'administration moderne.

La réunion de ces citoyens prend le nom de commission des répartiteurs ou conseil de répartition.

Malgré la définition que nous venons de donner,

le rôle de cette commission ne se borne pas à répartir le contingent communal, nous verrons plus loin qu'elle a aussi à s'occuper de certains impôts de quotité, et que dans certains cas sa mission est beaucoup plus délicate, en ce sens qu'il lui faut apprécier exactement le véritable caractère de la matière imposable.

Commission spéciale pour Paris. — A Paris une commission spéciale des contributions directes tient lieu de conseil de répartition.

Nombre. — Partout ailleurs la commission des répartiteurs comprend *sept* membres, dont *deux* membres de droit qui sont le maire et l'adjoint, et *cinq* autres citoyens désignés conformément à l'article 61 de la loi du 5 avril 1884, ainsi qu'il va être dit.

Forains. — Dans les cinq répartiteurs ci-dessus, *deux* au moins doivent être pris parmi les contribuables fonciers de la commune qui sont *domiciliés en dehors* de cette commune, s'il s'en trouve de tels.

Ces deux répartiteurs portent le nom de forains.

Cependant la circonstance que, dans une commune dont la population ne dépasse pas 5.000 habitants, un seul répartiteur a été choisi parmi les contribuables fonciers non domiciliés dans la commune, n'est pas une cause de nullité, s'il résulte de la déclaration du maire que l'administration s'est trouvée dans l'impossibilité de désigner deux répartiteurs forains. (Conseil d'Etat, 13 avril 1877. *Dalloz périodique*, 1877, 3-70.)

Il en est de même si, pour une semblable raison, on n'avait désigné comme répartiteur aucun propriétaire forain. (Conseil d'Etat, 8 décembre 1888. *Dalloz périodique*, 90-3-21. Voir aussi Dalloz, *Traité des Contributions directes*, nᵒˢ 164 et 165.)

La décision prise par la commission de répartition, composée exclusivement de répartiteurs domiciliés dans la commune, ne peut non plus être annulée de ce chef, si les deux forains régulièrement convoqués ne se sont pas rendus à cette convocation et ont été remplacés par des répartiteurs suppléants.

Suppléants. — D'après l'article 9 de la loi du 3 frimaire an VII, les répartiteurs sont au nombre de *sept*, savoir : *l'agent municipal* (aujourd'hui le maire) *et son adjoint, et cinq citoyens capables, choisis*, etc.

Et l'article 10 ajoute : *La nomination des cinq citoyens répartiteurs est faite chaque année.*

Donc, à l'origine, il n'était nommé que *cinq* répartiteurs ; avec les *deux* membres de droit, cela faisait bien les *sept* membres dont la commission se compose encore aujourd'hui.

Mais, dans la pratique, on s'aperçut bien vite que

ce nombre était insuffisant, en ce sens que malgré les pénalités édictées, les répartiteurs ne se rendaient souvent pas à la convocation ; d'où des retards.

Aussi une décision ministérielle du 17 février 1829 autorisa-t-elle la nomination d'un ou deux suppléants, pris parmi les propriétaires habitant la commune, afin de remplacer immédiatement au besoin, ceux des répartiteurs qui ne se présenteraient pas.

Et le nombre des suppléants a été augmenté encore et porté à *cinq* par l'article 61 de la loi du 5 avril 1884.

Unification. — D'après l'article 9 déjà cité de la loi du 3 frimaire an VII, faisaient partie du conseil de répartition, *l'agent municipal* (lisez le maire) *et son adjoint dans les communes de moins de 5.000 habitants, et deux officiers municipaux désignés à cet effet dans les autres communes*, mais cette disposition a été modifiée et, d'après les articles 12 et 13 de la loi du 28 pluviôse an VIII, le maire et l'adjoint font partie de la commission des répartiteurs, même dans les communes de plus de 5.000 âmes.

Nombre minimum pour délibérer. — Pour former la commission et délibérer valablement, les répartiteurs doivent être au nombre de cinq au moins. (*Loi du 3 frimaire an VII, art. 23).*

En résumé, dans chaque commune il y a au-jourd'hui douze répartiteurs, savoir :

Le maire et l'adjoint ;

Sauf empêchement, deux répartiteurs forains,

Trois répartiteurs titulaires domiciliés dans la commune ;

Cinq répartiteurs suppléants également domiciliés dans la commune.

Mais la commission, qui doit être uniquement composée de membres pris dans le nombre de ceux que nous venons d'énumérer, doit, pour délibérer valablement, comprendre *cinq* répartiteurs au moins et *sept* au plus ; s'il s'en présentait davantage. il faudrait en éliminer parmi les suppléants.

Manière de composer la commission. — Pour procéder régulièrement, le maire ou son adjoint doivent convoquer d'abord les cinq répartiteurs titulaires et notamment les deux forains, et ne prendre des suppléants que pour remplacer les titulaires qui n'auraient pas répondu à la convo-cation. Si les titulaires et surtout les forains n'étaient pas convoqués, la décision de la commission pour-rait être annulée.

Sur la question de savoir si le maire et l'adjoint, membres de droit, peuvent en cas d'absence être remplacés par des suppléants, nous répondrons par l'affirmative, et cela nous paraît résulter implicitement de l'article 23 de la loi du 3 frimaire an VII et de la décision ministérielle du 17 février 1829.

Nomination.

Ainsi qu'on vient de le voir, les commissaires répartiteurs sont au nombre de douze par commune, dont deux, le maire et l'adjoint, sont désignés d'office par la loi; mais comment sont nommés les dix autres?

Sous l'empire de la loi du 3 frimaire an VII, les cinq répartiteurs, et plus tard les deux suppléants autorisés par la décision ministérielle du 17 février 1829, étaient nommés par l'administration municipale.

Mais l'article 61 de la loi du 5 avril 1884 porte: *Le conseil municipal dresse chaque année une liste contenant un nombre double de celui des répartiteurs et des répartiteurs suppléants à nommer et sur cette liste, le sous-préfet nomme les cinq répartiteurs visés dans l'article 9 de la loi du 3 frimaire an VII, et les cinq répartiteurs suppléants.*

Donc aujourd'hui, les cinq répartiteurs titulaires et les cinq suppléants à désigner, sont nommés par le sous-préfet, sur la proposition du conseil municipal et ce dernier, pour permettre un choix, doit soumettre une liste contenant *vingt* noms, parmi lesquels, le sous-préfet désigne et nomme les *dix* qu'il lui plaît.

Notification. — La nomination des répartiteurs doit leur être notifiée par le sous-préfet qui remplace aujourd'hui le commissaire du directoire dont parle l'article 12 de la loi du 3 frimaire an VII. (Voir au surplus cet article en ce qui concerne la forme de cette notification.)

Annalité. — Les répartiteurs sont nommés pour un an, leur mandat cesse à l'expiration de cette période, mais ils peuvent être nommés à nouveau l'année suivante et même plusieurs années successivement.

D'après les instructions du ministre des finances leur nomination doit toujours avoir lieu dans l'année qui précède celle dans laquelle ils doivent opérer.

L'article 10 de la loi de frimaire décidait que la nomination des répartiteurs était faite chaque année dans la première décade, après celle de l'entrée en fonctions des administrateurs municipaux nouvellement élus, mais cette disposition a été abrogée, il suffit aujourd'hui, comme nous venons de le dire. que la nomination ait lieu, dans le courant de l'année qui précède celle où les répartiteurs doivent remplir leurs fonctions.

C'est ordinairement dans la session de novembre

que le conseil municipal dresse la liste des répartiteurs à soumettre au sous-préfet qui fait son choix et nomme *sans délai* (art. 4 de l'arrêté du 19 floréal an VIII), et en tous cas avant la fin de l'année, les répartiteurs qui doivent exercer l'année suivante, mais rien ne s'oppose à ce que cette liste soit dressée dans une session précédente, par exemple dans l'une des sessions de février, mai ou août, pourvu que ce soit dans l'année précédant l'entrée en fonctions.

Conditions requises.

Propriétaire foncier. — Pour être nommé répartiteur dans une commune, il faut y être imposé à la contribution foncière, cela résulte formellement de l'article 9 de la loi de frimaire.

Aujourd'hui que par suite de la fixité du revenu cadastral des propriétés non bâties, et de ce fait que l'impôt foncier des propriétés bâties étant un impôt de quotité, le principal travail des citoyens dont nous nous occupons, consiste surtout à répartir la contribution mobilière, on ne conçoit guère le maintien de cette condition ; nous avons vu avec peine des hommes très compétents, payant une cote mobilière élevée, être écartés de la commission de répartition, alors que de modestes propriétaires fonciers, sachant à peine lire et écrire, étaient nommés répartiteurs.

Mais la loi est telle, il faut la respecter et nous croyons, qu'une décision de la commission des répartiteurs pourrait être entachée de nullité, par suite de cette circonstance, qu'un ou plusieurs répartiteurs n'étaient pas propriétaires fonciers dans la commune et nous sommes à peu près persuadé que le conseil d'Etat annulerait une telle décision. surtout si, outre le ou les répartiteurs irrégulièrement nommés, la commission n'était pas composée des cinq membres exigés par la loi pour qu'elle puisse délibérer valablement.

Droits civils. — Majeur. — Bien que la loi ne le dise pas formellement. nous déclarons aussi que les répartiteurs doivent être âgés de vingt et un ans au moins et jouir de tous leurs droits civils. civiques et politiques; l'article 9 de la loi du 3 frimaire. an VII, dit en effet *cinq citoyens capables :* or. on n'est pas citoyen si on n'est pas majeur et si on ne jouit pas de tous les droits ci-dessus.

Obligations. — Dispenses.

Les fonctions de répartiteur sont gratuites.

Elles sont aussi obligatoires et ne peuvent être refusées que pour l'une des causes ci-après. (Art. 13. loi du 3 frimaire an VII.)

Les causes légitimes de refus sont : 1" Les infirmités graves et reconnues, ou vérifiées en la forme ordinaire en cas de contestation ; 2" L'âge de soixante ans commencés ou plus; 3° L'entreprise d'un voyage ou d'affaires qui obligeraient à une longue absence du domicile ordinaire; 4° L'exercice de fonctions administratives ou judiciaires, autres que celles d'assesseur du juge de paix; 5° L'exercice des fonctions de préfet, sous-préfet, procureur de la République; 6° Le service militaire de terre ou de mer ou un autre service public actuel. (Art. 14, même loi.)

Tout citoyen domicilié à plus de vingt kilomètres d'une commune pour laquelle il aurait été nommé répartiteur, pourra également ne point accepter. (Art. 15.)

Enfin celui qui se trouverait nommé répartiteur dans plusieurs communes, pour la même année, n'est tenu d'accepter que dans une seule et devra déclarer son option à la mairie dans les dix jours de l'avertissement qui lui aura été donné de sa nomination ; il en justifiera aux autres mairies dans les cinq jours suivants et celles-ci le remplaceront sans délai. (Art. 16.)

Pénalités.

Les sanctions des obligations qui précèdent sont :
Le blâme, l'affichage et enfin l'amende qui est de trois journées de travail outre les frais d'affichage et de jugement. (Loi du 3 frimaire an VII, art. 17 et 21.)

Mais aujourd'hui, par suite de la nomination de répartiteurs suppléants qui remplacent immédiatement les répartiteurs titulaires empêchés, les sanctions qui précèdent sont presque complètement tombées en désuétude et nous ne connaissons pas d'exemple qu'il ait été appliqué des pénalités à un répartiteur. Aussi nous ne nous étendrons pas davantage sur ce sujet et nous bornerons à renvoyer aux articles 17 et 21 de la loi de frimaire an VII. ceux qui voudraient se documenter sur ce point.

Service public.
Injures et diffamation.

Bien que composée de simples citoyens investis d'un mandat temporaire, la commission des répartiteurs n'en constitue pas moins une autorité participant au service des contributions directes et ses membres doivent être assimilés à des citoyens chargés d'un service public. (Dalloz, *Traité des contributions directes*, n° 169.)

Aussi croyons-nous que tout commissaire répartiteur, qui, à l'occasion de cette fonction, serait injurié, outragé ou diffamé, pourrait poursuivre ses insulteurs conformément aux dispositions du Code pénal relatives à la protection des fonctionnaires chargés d'un service public. (Appendice au *Code pénal* annoté de Dalloz, V° Presse ; loi du 29 juillet 1881, art. 31 et supplément au *Code pénal* annoté n° 10.285 et suivants.)

Convocations.

Le conseil des répartiteurs peut être convoqué aussi souvent qu'il est utile. aucun texte de loi ne fixe le nombre des réunions.

La *première réunion* a ordinairement lieu en avril, elle a pour but de statuer sur les réclamations faites par les contribuables.

Une *deuxième réunion* a lieu en août, on l'appelle réunion des mutations, parce que son principal but est l'examen de la matrice du rôle et des changements à y apporter d'après les mutations survenues. Dans cette réunion les répartiteurs statuent également sur les réclamations qu'ils n'ont pas examinées lors de la première réunion (d'ordinaire les réclamations faites en sous-préfecture).

Ces deux réunions sont indispensables pour le fonctionnement régulier de notre système fiscal actuel.

Villes. — En outre dans les villes où il existe une matrice spéciale pour la contribution personnelle et mobilière et la contribution des patentes, une troisième réunion est nécessaire pour la confection de ce rôle.

Dans les autres communes le rôle de la contribution personnelle et mobilière est généralement établi lors de la tournée des mutations (2ᵉ réunion) et nous savons que pour le rôle des patentes les répartiteurs n'ont pas à être consultés.

D'autres réunions ont quelquefois lieu dans le courant de l'année, suivant les besoins, mais elles sont d'un ordre tout à fait secondaire.

Avis motivé.

Aucune disposition de loi n'exige, à peine de nullité que les décisions des répartiteurs soient motivées. (Conseil d'Etat, 24 novembre 1882 et 2 février 1850.)

Le Conseil d'Etat ne peut créer des causes de nullité qui ne sont pas inscrites dans la loi et les avis des répartiteurs ne constituent pas des jugements, auxquels s'applique le principe de droit commun qui exige que tout acte de juridiction soit motivé à peine de nullité; mais il est à peine nécessaire de faire observer, qu'au point de vue de la bonne administration, il importe au plus haut point que les répartiteurs fassent connaître les motifs de leur opinion; la pratique contraire, si elle venait à prévaloir, aurait pour effet de réduire la signature qui leur serait demandée à une simple formalité sans utilité aucune pour les juges de la réclamation. (*Dalloz périodique*, 84-3-39, note 2, et *Traité des contributions directes*, n° 339.)

Réclamations. — En ce qui concerne les avis à donner sur les réclamations ils doivent être motivés. (Voir loi du 2 messidor an VII, art. 20, et instruction générale du 29 janvier 1898, art. 74.)

Année de répartition.
Ordre renversé.

Nous avons expliqué plus haut comment les répartiteurs sont nommés, que ces nominations sont faites à la fin de l'année pour l'année suivante et enfin que la commission de répartition ne reste en fonctions qu'une année.

L'année, ici, correspond à l'exercice, c'est-à-dire qu'elle commence le 1ᵉʳ janvier et finit le 31 décembre.

En rapprochant l'année de répartition, de l'ordre ordinaire des réunions et du travail qui s'effectue au cours de celles-ci, on remarquera que les premières réunions sont consacrées aux réclamations et les dernières à la confection des matrices des rôles.

A première vue on trouvera ce système bizarre et on croira voir là une anomalie.

Cependant rien n'est plus logique. Le législateur a pensé que la même commission de répartiteurs ne devait pas opérer la répartition et statuer sur les réclamations auxquelles cette répartition peut donner lieu.

L'homme est ainsi fait que tout ce qui émane de lui, lui paraît être la perfection et il est rarement disposé à reconnaître ses erreurs. Il était donc préférable que la répartition fut faite par une commission dont les pouvoirs vont expirer et qu'une nouvelle commission soit appelée à vérifier le travail de l'ancienne.

C'est sans doute cette considération qui a dicté au législateur sa règle de conduite et nous croyons qu'il a été bien inspiré en élaborant le système que nous venons d'étudier.

Nous estimons même que la loi ne devrait pas permettre aux répartiteurs de siéger deux années de suite et regrettons que le législateur n'ait pas édicté cette interdiction.

ATTRIBUTIONS DES RÉPARTITEURS

Ces attributions concernent :

1" La répartition entre les contribuables du contingent assigné aux communes dans les impôts de répartition ;

2" La constatation des mutations et de la matière imposable ;

3" L'évaluation des valeurs locatives servant de base à certains impôts ;

4" Les avis à donner sur les réclamations ;

5" Les renseignements à fournir et certaines appréciations à formuler concernant les taxes assimilées.

Ainsi que nous l'avons déjà dit les attributions du conseil des répartiteurs ou commission de répartition varient selon la nature des impôts.

Citons ce que dit à ce sujet M. Dalloz dans son *Traité des contributions directes*, n°s 345 et suivants :

« A l'époque où ont été édictées les lois des 22
« brumaire an VI, 3 frimaire an VII et 3 frimaire

« an VIII, le législateur n'admettait que des impôts
« de répartition. Dans ce système le conseil des
« répartiteurs (alors nommés par les contribuables
« eux-mêmes) chargé de distribuer le contingent
« assigné à la commune, entre les contribuables, au
« prorata de leurs éléments d'imposition, était le
« rouage important. C'était lui qui évaluait ces
« éléments et fixait les bases de la répartition :
« l'agent administratif (lisez le contrôleur) qui
« assistait à ses opérations ne faisait qu'enregistrer
« ses décisions et les transcrire sur la matrice des
« rôles.

« D'autre part le cadastre n'existait pas encore,
« ce travail d'évaluation, se renouvelait chaque
« année, aussi bien pour la contribution foncière,
« que pour la contribution personnelle et mobilière.

« La loi du 15 septembre 1807, en posant, pour
« la contribution foncière des propriétés non bâties,
« le principe de la fixité des évaluations cadastrales,
« réduisit le rôle des répartiteurs, en ce qui touche
« cette contribution, à une simple vérification som-
« maire et à l'évaluation des matières imposables
« nouvelles. (Alluvions, terrains sortis du domaine
« de l'Etat, etc.)

« Le rôle des répartiteurs est allé ainsi en s'a-
« moindrissant, alors qu'au contraire celui des
« agents des contributions directes allait grandis-
« sant, jusqu'à devenir absolument prépondérant et

« exclusif dans les impôts de quotité. Actuellement
« il importe, pour étudier les attributions des répar-
« titeurs, de séparer les impôts de répartition, des
« impôts de quotité ».

D'accord avec le savant auteur, nous avons établi
la distinction entre les impôts de répartition et les
impôts de quotité ; cependant, si cette distinction
est absolument indispensable, nous croyons en ce
qui nous concerne, qu'elle n'est pas suffisante, car
si notre but n'est pas de faire ici un traité complet
des contributions directes, nous voulons au contraire
ne rien omettre de tout ce qui peut intéresser les
répartiteurs. C'est pourquoi, afin de bien préciser
les attributions de ces derniers, nous allons reprendre chaque contribution en détail et étudier,
avec textes à l'appui, le rôle des répartiteurs en
présence de chaque impôt, pris séparément.

CHAPITRE PREMIER

CONTRIBUTION FONCIÈRE DES PROPRIÉTÉS NON BATIES

Cet impôt, nous l'avons dit, est l'impôt de répartition par excellence.

Il semble donc à première vue que la répartition du contingent foncier, non bâti, assigné à la commune, constitue le principal travail du répartiteur.

Il en était ainsi du moins sous l'empire de la loi du 3 frimaire an VII. L'article 23 de cette loi porte : *Les sept répartiteurs délibèrent en commun à la majorité des suffrages, etc.*, et l'article 5 de la loi du 3 frimaire an VIII ajoute : *La direction des contributions sera chargée uniquement de la rédaction des matrices des rôles d'après le travail préliminaire et nécessaire des répartiteurs.*

C'était donc et c'est encore aujourd'hui (car les

articles ci-dessus ne sont pas abrogés) aux répartiteurs à faire la répartition de l'impôt foncier des propriétés non bâties et les agents des contributions directes ne sont ici chargés que d'un travail matériel.

Mais, si les articles que nous venons de citer ne sont pas abrogés ils ont perdu presque tout leur intérêt depuis la loi du 15 septembre 1807.

Antérieurement à cette loi les répartiteurs devaient déterminer eux-mêmes le revenu de chaque parcelle et le contingent communal était ensuite réparti proportionnellement aux revenus fonciers ainsi établis.

Il n'en est plus de même aujourd'hui : la loi du 15 septembre 1807 a décidé que le revenu foncier des propriétés non bâties serait désormais invariable et, comme le dit fort bien M. Dalloz, « *en posant le principe de la fixité des évaluations cadastrales, la loi a réduit le rôle des répartiteurs en ce qui touche cette contribution à une simple vérification sommaire.*

En quoi consiste donc aujourd'hui le rôle du répartiteur concernant la contribution foncière des propriétés non bâties?

La circulaire du ministre des finances du 25 février 1826 répond à cette question : *Il n'appartient pas aux répartiteurs de diminuer, ni d'augmenter de leur propre autorité, le revenu des propriétaires qu'ils reconnaissent surtaxés ou ménagés, dans les évaluations portées aux matrices, le principe de la fixité des opérations cadastrales s'y oppose. L'article 33 de la loi du 3 frimaire an VII fixe d'une manière claire et précise, les changements que les répartiteurs sont appelés à opérer. Ces changements consistent dans la formation d'un simple état ou relevé des mutations de propriétés survenues parmi les contribuables.*

En d'autres termes, les répartiteurs n'ont plus aujourd'hui qu'à constater les mutations, c'est-à-dire les changements de propriétaires survenus dans l'année, ce travail, du reste tout matériel, est dressé d'avance par le contrôleur, les répartiteurs n'ont qu'à le signer et lui donnent ainsi la consécration officielle.

Il arrive parfois que le rôle des répartiteurs, concernant l'impôt qui nous occupe est plus délicat, c'est lorsqu'il s'agit d'évaluer le revenu foncier d'immeubles qui n'ont pas encore été imposés jusque-là, ce qui arrive par exemple en cas d'omissions, d'alluvion ou bien lorsque des immeubles passent du domaine public dans le patrimoine d'un particulier. (1)

Ce sont ces cas que prévoit l'article 76 de l'Instruction générale du 2 mars 1886 ainsi conçu : *Les répartiteurs déterminent pour les propriétés non*

---

(1) Ventes à des particuliers de délaissés de chemins, places publiques, champs de tir, etc.

bâties devenues imposables, la nature de culture et le classement qui doivent leur être attribués et règlent également toutes les autres modifications à apporter aux revenus cadastraux. (1)

Ils signent les feuilles relatives à cet objet.

Ces cas sont rares, hâtons-nous de le dire. S'il s'en présentait, nous conseillons aux répartiteurs, pour déterminer le revenu cadastral des parcelles devenues imposables, de prendre pour terme de comparaison le revenu cadastral assigné aux parcelles voisines de même catégorie et même qualité et non pas de déterminer ce revenu, base de l'impôt, en recherchant le produit moyen net, que pourrait donner chaque année la parcelle à imposer.

On ne doit pas perdre de vue, qu'il s'agit de déterminer ici, non pas le revenu réel, mais bien le revenu cadastral, extrêmement variable d'une commune à l'autre, et uniquement destiné à la répartition (2).

---

(1) Les modifications dont il est question ici peuvent s'appliquer aux cas suivants : 1° Lorsqu'une parcelle cadastrale a subi une détérioration ou une dégradation pour une cause indépendante de la volonté du propriétaire, mais dans ce cas les répartiteurs n'ont qu'un avis à donner et c'est au conseil de préfecture à statuer (Art. 74, Instruction générale du 2 mars 1886) ; 2° Changements d'affectation qui font passer une propriété du fonds imposable au fonds non imposable et réciproquement.

(2) Voir ce que nous avons dit à ce sujet dans la première partie de cet ouvrage sous le titre « cadastre ».

On objectera peut-être que cette manière de procéder est contraire aux prescriptions des articles 56 et suivants de la loi du 3 frimaire an VII, mais ainsi que le dit fort bien M. Dalloz (*Traité des contributions directes page 152 note 5*), « ces règles « d'évaluation n'ont d'utilité qu'au moment de « la réfection du cadastre où elles doivent être « observées ».

D'accord avec ce savant auteur, nous persistons donc à déclarer, que seul le moyen que nous indiquons plus haut, doit être adopté pour l'évaluation des parcelles qui n'ont été ni classées, ni imposées jusqu'ici.

L'adoption de la méthode contraire aurait pour conséquence, une inégalité choquante dans la répartition de l'impôt.

Mais il va sans dire, que s'il s'agissait de la réfection complète du cadastre dans une commune. les règles à suivre seraient alors celles indiquées par les articles 56 et suivants de la loi du 3 frimaire, an VII.

Au cas où ils auraient à appliquer ces règles d'évaluation. par suite de refonte, nous renvoyons nos lecteurs aux articles en question, qui indiquent minutieusement les devoirs des répartiteurs en la circonstance.

Mutations. — Les répartiteurs ont aussi parfois à

coopérer avec les percepteurs au travail des mutations foncières des propriétés non bâties, ce qui arrive dans les cas suivants concernant les mutations d'office :

1° Lorsqu'il y a lieu d'effectuer la réunion des cotes multiples concernant un même propriétaire (Art. 49 et 51, Instr. générale du 2 mars 1886) ;

2° D'opérer la mutation des articles relatifs à des individus notoirement connus pour ne plus être propriétaires dans la commune, ou à des personnes décédées depuis plusieurs années et dont les héritiers n'ont pas demandé à demeurer dans l'indivision (Même article 49) ;

3° Lorsqu'il s'agit de rectifier une erreur d'attribution, de faire passer le sol d'une propriété bâtie au nom du propriétaire imposé pour l'élévation, ce dernier étant absent bien que convoqué. (Article 51.)

Enfin, lors de la tournée générale des mutations faite par le contrôleur, les répartiteurs peuvent être appelés à effectuer d'office certaines mutations du genre de celles qui précèdent, c'est ce que décide l'art. 81-5 de ladite instruction générale, ainsi conçu :

S'il se rencontre, soit au cours de l'examen des feuilles, soit pendant les appels des articles de la matrice générale, des cotes foncières de l'espèce (c'est-à-dire des cotes que le percepteur aurait pu muter) et si d'ailleurs, il n'existe aucune incertitude sur la désignation des propriétaires actuels, des parcelles comprises dans ces cotes, le percepteur (qui doit être présent) *doit effectuer la mutation séance tenante sur la signature des répartiteurs.*

Réclamations. — Les répartiteurs ont naturellement à donner ici leur avis sur les réclamations faites par les contribuables, mais en matière d'impôt foncier des propriétés non bâties, on ne voit guère que les demandes en mutation de cotes et les réclamations relatives aux parcelles devenues imposables depuis peu comme étant passées du domaine public dans le patrimoine d'un particulier.

Résumé.

Concernant la contribution foncière des propriétés non bâties, les attributions des répartiteurs sont les suivantes :

1° Ils doivent faire la répartition, mais comme ils ne peuvent changer le revenu cadastral existant, leur rôle est tout matériel et se borne à la constatation des mutations.

2° Lorsque des parcelles non imposées jusqu'ici deviennent imposables, ils doivent en déterminer la nature, le classement et le revenu cadastral.

3° Ils ont à coopérer avec le percepteur au travail des mutations lorsque celles-ci sont effectuées d'office.

4° Enfin ils donnent leur avis sur les rares réclamations qui peuvent être faites.

CHAPITRE DEUXIÈME

CONTRIBUTION FONCIÈRE DES PROPRIÉTÉS BATIES

Nous sommes ici en présence d'un impôt de quotité.

Or si on s'en tient à la règle générale que nous avons énoncée en la première partie de cet ouvrage, « *qu'il ne saurait être question de répartiteurs là où il n'y a pas de répartition à effectuer* », il semble que seuls les agents des contributions directes (en l'espèce les contrôleurs), assistés au besoin des maires comme en ce qui concerne la contribution des patentes, aient à s'occuper de l'assiette de cet impôt.

Il n'en est cependant pas ainsi.

Des articles 83, 86, 88, 90, 103, 135 et 137 de l'Instruction Générale du 2 mars 1886, relative à la tournée générale des mutations, il ressort nettement que la fixation des bases d'imposition des constructions nouvelles, reconstructions et additions de constructions, doit être faite de concert entre le contrôleur et les répartiteurs, et l'article 86 ajoute qu'en cas de désaccord entr'eux, le contrôleur en rendrait compte dans un rapport circonstancié au directeur qui provoquerait, s'il le jugeait convenable, une vérification par voie d'experts.

Il est vrai qu'à l'époque où a été promulguée cette circulaire, la contribution foncière des propriétés bâties était un impôt de répartition et que, par suite, l'intervention du répartiteur était parfaitement justifiée, mais on verra plus loin que la loi du 8 août 1890, tout en transformant cet impôt a maintenu quelques-unes des dispositions ci-dessus.

En vertu d'une autre instruction générale du 25 juillet 1887 relative à l'exécution de l'article 34 de la loi du 8 août 1885, les contrôleurs furent chargés de procéder, avec l'assistance des répartiteurs, aux opérations concernant l'évaluation de la valeur locative des propriétés bâties.

Après s'être rendus sur les lieux avec les répartiteurs, les contrôleurs procédaient à l'évaluation ; s'il y avait désaccord entr'eux au sujet de ces évaluations, les observations des répartiteurs étaient consignées sur le bulletin de l'immeuble et sur le procès-verbal lui-même quand elles visaient la plus grande partie du travail. Après ces diverses formalités, les répartiteurs étaient appelés à sanctionner les évaluations.

Une circulaire du ministre de l'intérieur du 5 août 1887 a tracé aux répartiteurs le rôle qui leur était imparti.

Par cette circulaire, les conseils de répartition étaient autorisés à déléguer un ou plusieurs de leurs membres pour assister le contrôleur. lequel devait toujours être accompagné d'un indicateur désigné par le maire ; à défaut des répartiteurs ou de leurs délégués, le concours de cet individu était indispensable. (Dalloz, *Traité des contributions directes, numéro 389 et suivants.*)

Il faut remarquer que tout ce qui précède s'applique à l'évaluation générale de la valeur locative des propriétés bâties qui a été faite en vue de la revision de cet impôt et n'avait par suite qu'un caractère transitoire.

Sur ces entrefaites est survenue la loi du 8 août 1890, que celle de 1885 faisait déjà prévoir et qui a transformé complètement la contribution foncière des propriétés bâties. Cet impôt, jusqu'alors impôt de répartition, devint impôt de quotité, mais malgré ce changement radical, le législateur a maintenu l'intervention des répartiteurs en ce qui concerne son assiette.

L'article 11 de la loi du 8 août 1890 porte en effet : *Le contrôleur des contributions directes, assisté du maire et des répartiteurs, assurera l'exécution des deux articles qui précèdent.* (Articles 9 et 10.)

Ces deux articles concernant les cotisations des constructions nouvelles, reconstructions et additions de constructions à imposer au cours d'une période décennale, mais non la revision des évaluations servant de base à la contribution foncière des propriétés bâties qui, d'après l'article 8 de la même loi, doit être faite tous les dix ans, nous en concluons, que le législateur a voulu réglementer ici les attributions des répartiteurs en ce qui concerne seulement le travail partiel et courant, et laisser à une loi subséquente, le soin de déterminer le rôle des répartiteurs, en ce qui concerne la revision complète de l'assiette de cet impôt (revision décennale) qui constitue un travail exceptionnel.

Mentionnons en passant, que l'article 2 de la loi du 13 juillet 1900 qui a trait à la revision décennale de 1900, n'a rien innové à ce sujet et a renvoyé à la législation antérieure.

D'où il résulte que pour la revision décennale on doit suivre les règles rappelées plus haut, tracées par les instructions générales de 1886 et 1887 et la circulaire de 1887.

Observations. Avis. — Les répartiteurs doivent donc, avec le maire, assister le contrôleur des contributions, directes pour l'évaluation du revenu foncier des propriétés bâties, à faire au cours d'une période décennale.

Remarquons que ce mot *assister* détermine exactement le rôle des répartiteurs. Il ne saurait être question pour eux, de faire l'évaluation, car ne l'oublions pas, nous sommes ici en présence d'un impôt de quotité et en ce qui concerne les impôts de cette nature les agents de l'administration ont (nous l'avons vu dans la première partie), des attributions prépondérantes.

Mais il ne faut pas induire de là que les répartiteurs aient ici un rôle absolument passif, qu'ils ne soient que de simples figurants ; tel n'est pas l'esprit de la loi.

Les répartiteurs doivent, selon nous, accompagner le contrôleur dans ses tournées, faire les observations qu'ils jugent utiles, donner leur avis, formuler leurs appréciations.

Cette manière de procéder peut, bien souvent, changer la manière de voir de l'agent de l'administration et nous avons vu plus haut qu'en cas de désaccord il en est référé au directeur qui peut provoquer une expertise.

Tout homme est faillible, et nous savons par expérience que les contrôleurs, toujours enclins à augmenter la valeur locative, se trompent souvent ; le législateur, pour protéger le contribuable, a cru devoir mettre un frein à cette tendance, en leur adjoignant des hommes qui par leur connaissance du pays, sont à même de leur fournir d'utiles conseils, en même temps que de précieux renseignements.

En donnant ces garanties au contribuable, le législateur a agi sagement, c'est aux répartiteurs à user des droits que la loi leur confère. ceux qui les laisseraient prescrire ne seraient pas dignes de la confiance que leurs concitoyens ont mise en eux (1).

Evaluation de la valeur locative. — Dans la première partie de cet ouvrage nous avons dit que la valeur locative à rechercher est, savoir :

A) Lors de la revision décennale, la valeur locative actuelle, c'est-à-dire celle que la propriété comporte au moment de son évaluation et non pas une moyenne prise sur les années précédentes.

B) Pour l'imposition des constructions nouvelles, reconstructions et additions de constructions. la valeur locative *comparée*.

Nous ne nous étendrons pas davantage sur ce point, renvoyant le lecteur qui voudrait se documen-

-----

(1) Il va sans dire que nous n'invitons pas par là les répartiteurs à soulever des incidents de parti pris et à tout propos et que nous ne saurions non plus les engager à être malhonnêtes envers les agents de l'administration. Ils doivent au contraire être polis et même courtois envers le contrôleur mais, si besoin est, maintenir fermement leurs appréciations.

ter aux détails donnés plus haut (première partie).

Rappelons toutefois que la valeur locative quelle qu'elle soit (valeur locative actuelle, ou valeur locative comparée), doit être diminuée d'un quart pour les maisons et de 40 pour cent pour les propriétés industrielles. (Loi du 13 juillet 1900, art. 2.)

Réclamations.

En matière de réclamations, concernant l'impôt foncier des propriétés bâties, les attributions des répartiteurs sont les mêmes que pour la confection du rôle, ils doivent simplement être consultés et donner leur avis.

Cela résulte implicitement de l'article 2 de la loi du 21 juillet 1887, qui décide que *les réclamations qui, après examen sommaire, auront pu être immédiatement reconnues fondées seront analysées par les agents des contributions directes, sur un état qui sera revêtu de l'avis du maire ou des répartiteurs, suivant le cas, ainsi que de celui du contrôleur et du directeur.*

Les mots *avis du maire ou des répartiteurs, suivant le cas,* doivent, selon nous, être interprétés en ce sens que les répartiteurs doivent être consultés au sujet des réclamations concernant les impôts pour lesquels ils ont à coopérer à la confection du rôle, et que pour les autres, par exemple pour les patentes, c'est l'avis du maire qu'il faut prendre.

En résumé, concernant l'impôt foncier des propriétés bâties, les attributions des répartiteurs se réduisent à ceci :

1° Ils doivent accompagner et assister le contrôleur pour l'évaluation de la valeur locative des constructions nouvelles, reconstructions et additions de constructions à imposer au cours d'une période décennale, mais leur appréciation n'est qu'un simple avis;

2° Lors de la revision décennale, leurs attributions sont réglées par une loi spéciale, à défaut de quoi il doit être procédé conformément à la circulaire du 5 août 1887, d'après laquelle les conseils de répartition sont autorisés à déléguer un ou plusieurs membres pour assister le contrôleur qui doit, en outre, toujours être accompagné d'un indicateur spécial désigné par le maire;

3° Concernant les réclamations, ils doivent être consultés et donner leur avis.

CHAPITRE TROISIÈME

CONTRIBUTION
PERSONNELLE ET MOBILIÈRE

Cet impôt, nous l'avons dit, est un impôt de répartition.

La règle reprend ici tout son empire et c'est aux répartiteurs qu'incombe le soin de partager le contingent communal, entre tous les contribuables de la commune.

Ce travail est même le plus délicat de tous ceux dont sont chargés les répartiteurs, car il leur faut, non plus émettre un simple avis, mais déterminer eux mêmes le plus exactement possible la valeur locative qui sert de base à cet impôt.

Absence de bail. — Lorsqu'on se trouve en présence d'un bail qui paraît normal, la tâche du répartiteur est bien simplifiée, mais bien souvent le loyer déclaré est fortement majoré d'accord entre le propriétaire et le locataire, et souvent aussi il n'y a pas de bail pour guider le répartiteur, ce qui arrive par exemple lorsque le propriétaire occupe lui-même son immeuble.

Il faut donc, dans ces deux cas, rechercher la valeur locative exacte, et ce travail est quelquefois rendu très difficile, du fait même de certains contrôleurs.

Contrôleurs. — Nous reconnaissons volontiers, que le plus grand nombre de ces agents de l'administration, est d'une correction parfaite et ne cherche point à empiéter sur les attributions des répartiteurs.

Mais quelques-uns s'habituent à traiter les répartiteurs comme quantité négligeable, préparent le rôle de cette contribution, en estimant eux-mêmes, selon leur bon plaisir, la valeur locative des imposés et se bornent ensuite à faire signer un travail tout fait, aux répartiteurs, qui endossent ainsi la responsabilité d'une répartition qu'ils n'ont pas faite.

D'autres, moins soucieux des deniers du contribuable, que de leur avancement personnel et, croyant parvenir par ce moyen, poussent les répartiteurs, à augmenter sans cesse la valeur locative servant d'assiette à la contribution personnelle et mobilière, et écartent de parti pris la majeure partie des baux ou des locations verbales, sous prétexte qu'ils ne sont pas sincères.

Bonne foi. — Or, si dans certains cas, on peut se trouver en présence d'un bail anormal, il ne faut pas perdre de vue ce principe de droit « que la bonne foi doit être toujours présumée » ; la majeure partie des baux d'une commune doit, jusqu'à preuve contraire, être considérée comme sincère et prise comme représentant la valeur locative moyenne de la commune, sans aucune majoration.

Enfin, on ne doit pas plus prendre pour terme de comparaison un bail qui indiquerait un loyer excessif par rapport aux autres loyers de la commune, qu'on ne doit admettre un bail où une bonne partie du loyer a été dissimulée. (Conseil d'Etat, 4 janvier 1895.)

Ce bail à loyer excessif peut, bien entendu, être pris comme révélant la véritable valeur locative de l'individu qui l'a signé, mais on ne peut s'en servir pour déterminer la valeur locative d'une quantité d'autres logements.

Augmentations. — Bien souvent, aux objections qui leur sont faites par les répartiteurs, qu'ils poussent aux augmentations de valeur locative, les contrôleurs répondent qu'ils n'ont aucun intérêt à provoquer des augmentations, qu'il s'agit ici d'un impôt de répartition et que, par suite, quoiqu'il arrive, tous les contribuables réunis de la commune ne paieront pas un centime de plus que le contingent assigné à la commune.

Nous mettons les répartiteurs en garde contre de tels raisonnements qui peuvent paraître logiques à première vue, mais dont la sincérité ne supporte pas un examen plus approfondi.

D'abord les augmentations de la valeur locative n'entraînent-elles pas, pour les années suivantes, des augmentations correspondantes du contingent communal, et si des réductions sont accordées ensuite de réclamations sur certaines cotes, ne sont-elles pas réparties par la suite sur tous les contribuables de la commune?

Impôts de quotité, même assiette. — Et puis, il est une autre considération qu'il ne faut pas perdre de vue, c'est que la valeur locative qui sert de base à l'impôt mobilier sert aussi d'assiette à deux impôts de quotité, savoir : l'impôt des patentes et l'impôt foncier des propriétés bâties, et qu'en augmentant la valeur locative base de la contribution personnelle et mobilière, on augmente la base des deux autres.

Les agents de l'administration nous objecteront peut-être qu'ils ne prennent pas forcément pour l'assiette des impôts de quotité les mêmes chiffres que les répartiteurs assignent aux impôts de répartition.

Nous nous inclinons devant cette objection, mais nous répondrons que, s'il arrive parfois que des locaux soient taxés comme valeur locative à des taux différents pour les impôts de quotité et les impôts de répartition, ce ne sont là que des cas exceptionnels, que le plus souvent du reste, ces différences n'existent qu'en faveur de l'administration et au détriment des contribuables, et enfin, qu'en règle générale la valeur locative, qui sert d'assiette à l'impôt personnel et mobilier, sert également de base aux deux impôts de quotité que nous avons cités plus haut, étant bien entendu, tenu compte des défalcations voulues par la loi.

Nous engageons donc les répartiteurs, d'abord à vérifier minutieusement la matrice du rôle de cette contribution et à ne la signer qu'à bon escient, et ensuite toutes les fois qu'on les poussera aux augmentations dont nous parlons plus haut, à n'accepter ces augmentations qu'autant qu'ils seront bien certains que la valeur locative qu'on veut leur imposer représente bien la valeur locative réelle et normale du logement à taxer.

En résistant, ils ne feront qu'user de leurs droits; nous allons le leur démontrer avec textes à l'appui.

Attributions des contrôleurs.

D'après l'article 8 de la loi du 3 frimaire an **VII**, qui s'appliquait à tous les impôts de répartition, les contingents communaux étaient répartis entre les contribuables par les répartiteurs et les répartiteurs seuls; les contrôleurs n'avaient pas à intervenir.

Mais ces citoyens, bien souvent illettrés et en tous cas peu au courant des lois, ainsi livrés à eux-mêmes, commirent de véritables abus ; dans beaucoup de communes l'usage s'était introduit de prendre pour base de la répartition la fortune présumée du contribuable.

Afin de faire disparaître ces abus qui donnaient une si grande prise à l'arbitraire, l'article 17 de la loi du 21 avril 1832 a adjoint aux répartiteurs le contrôleur des contributions directes pour la confection de la matrice du rôle.

Ces agents de l'administration, dit M. Dalloz dans son traité des contributions directes nº 140, « *assistent les répartiteurs, facilitent leur travail, les renseignent sur les faits, les rappellent à l'exécution des lois et règlements, font les calculs et rédigent la matrice.* » (Voir aussi Jurisprudence générale, Impôts directs 368 et loi du 21 avril 1832 art. 17.)

En résumé les contrôleurs font ici le travail matériel et empêchent les répartiteurs de s'écarter des textes de loi, mais nous allons voir que les évaluations regardent les répartiteurs.

Les contrôleurs sont aussi appelés à donner leur avis sur toutes les réclamations, par conséquent ici comme en matière d'impôts de quotité.

Attributions des répartiteurs.

Comme nous l'avons dit plus haut, la répartition individuelle de la contribution personnelle et mobilière entre les contribuables est faite dans chaque commune par les répartiteurs.

Si le contrôleur vient concourir avec eux à la confection de la matrice du rôle, nous en avons expliqué les raisons, mais nous ferons remarquer que contrairement à ce qui existe pour les impôts de quotité (voir plus haut contribution foncière des propriétés bâties) ici ce ne sont plus les répartiteurs qui assistent le contrôleur, mais bien le contrôleur qui assiste les répartiteurs.

L'article 17 de la loi du 21 avril 1832 dit en effet :
« Les commissaires répartiteurs, *assistés du contrô-*
« *leur des contributions directes* rédigeront la matrice
« du rôle de la contribution personnelle et mobilière.
« Ils porteront sur cette matrice tous les habitants
« jouissant de leurs droits et non réputés indigents
« et *détermineront* les loyers qui devront servir de
« base à la répartition individuelle. »

Ils détermineront les loyers, de qui s'agit-il? toujours des répartiteurs, *assistés* du contrôleur, mais non des répartiteurs et du contrôleur agissant de concert. Si le législateur eût voulu que le contrôleur ait la prépondérance, ou tout au moins des attributions égales à celles des citoyens chargés de la répartition, il se serait expliqué sur ce point comme il l'a fait du reste pour certaines taxes, ainsi que nous le verrons plus loin en disant par exemple : « Les répartiteurs agissant de concert avec le contrô- « leur etc., » ou comme il l'a fait dans l'article 4 de la loi du 8 août 1890 : « Le contrôleur des con- « tributions directes assisté du maire et des répar-- « titeurs ».

Et le 4e alinéa de l'article 17 de la loi de 1832 fournit encore un argument en faveur de notre thèse en stipulant « que les répartiteurs pourront faire « usage pour 1832 des éléments d'après lesquels « étaient fixées les cotes individuelles antérieure- « ment à 1831 ».

Ici la loi ne parle plus du contrôleur mais des seuls répartiteurs.

Du reste les textes sont ici d'accord avec les principes d'après lesquels les attributions des répar- titeurs sont sinon exclusives, du moins absolument prépondérantes toutes les fois qu'il s'agit d'un impôt de répartition.

C'est donc aux répartiteurs à faire l'évaluation de la valeur locative, basant l'impôt personnel et mobilier, et nous les engageons fortement à ne rien abandonner des droits que la loi leur confère.

Assiette de l'impôt.

Mais, au risque de nous répéter, nous insistons sur ce point, que les répartiteurs ne doivent pas s'écarter des règles qui leur sont tracées par la loi sous peine de voir leurs décisions annulées, et que c'est la valeur locative, et elle seule, qui doit entrer en ligne de compte pour la répartition de l'impôt qui nous occupe.

Ainsi, outrepasserait ses droits et tomberait dans l'arbitraire, une commission de répartiteurs qui s'attribuerait le droit d'augmenter la valeur locative d'un individu logé modestement, sous le seul prétexte que sa fortune, même certaine et apparente, lui permet de supporter une part d'impôt mobilier plus élevé.

Et elle ne pourrait non plus diminuer un contribuable sous le seul prétexte qu'il est indigent ou chargé de famille.

De semblables manières de procéder indiqueraient sans doute des sentiments humanitaires que nous ne voulons pas critiquer, mais seraient absolument contraires à la loi.

Indigents.
Pères de sept enfants.

Concernant les indigents ils doivent être exemptés de l'impôt et non pas seulement diminués, mais c'est au conseil municipal et non aux répartiteurs à statuer.

Ces derniers ne peuvent que proposer l'exemption. (Art. 17 et 18, loi de 1832.)

Et il doit être procédé de même pour les pères et mères de sept enfants mineurs assujettis à une contribution personnelle et mobilière de dix francs et au-dessous. (Art. 31. loi du 8 août 1890.)

Evaluation
de la valeur locative.

Pour évaluer la valeur locative, les répartiteurs doivent s'inspirer de tous les éléments susceptibles de faire connaître le prix de chaque loyer: tels que baux authentiques, comparaison avec les loyers dont le prix est connu et tous autres éléments d'appréciation équitable, même la situation topographique. Il a été jugé en ce sens qu'on pouvait attribuer à une maison isolée et éloignée de 3 kilomètres de l'agglomération communale une valeur locative inférieure à celle des autres. (Conseil d'Etat. 18 novembre 1887 ; *Dalloz périodique*, 88-5-133. Voir aussi ce que nous avons dit plus haut. première partie.)

Réclamations.

En ce qui concerne les réclamations relatives à la contribution personnelle et mobilière, les attributions des répartiteurs sont les mêmes qu'en ce qui touche la confection de la matrice.

L'avis des répartiteurs est prépondérant et doit primer celui du contrôleur. Nous allons même plus loin et nous déclarons que le contrôleur n'a pas à estimer la valeur locative et que son avis ne peut porter que sur la question de savoir si les répartiteurs se sont ou non conformés à la loi.

Bien entendu, en ce qui concerne les réclamations faites en sous-préfecture, c'est le conseil de préfecture qui statue, d'après les conclusions des répartiteurs et l'avis du contrôleur.

CHAPITRE QUATRIÈME

CONTRIBUTION DES PORTES ET FENÊTRES

L'impôt des portes et fenêtres, avons-nous dit dans la première partie de cet ouvrage, est un impôt mixte, en raison de ce qu'il tient tout à la fois des impôts de quotité et des impôts de répartition.

Nous avons expliqué aussi, que, s'il est perçu en vertu d'un tarif, la somme qu'il doit produire chaque année est fixée à l'avance et qu'elle est répartie aux quatre degrés ordinaires comme l'impôt foncier des propriétés non bâties et la contribution personnelle et mobilière. (Loi du 21 avril 1832, art. 24), ce qui donne à cet impôt le caractère d'impôt de répartition.

Le quatrième degré de répartition est effectué par les répartiteurs.

« La répartition individuelle (dit en effet M. Dalloz « dans son *Traité des contributions directes*, nu-

« méro 4818), se fait dans chaque commune d'après
« une matrice rédigée par les mêmes commissaires
« répartiteurs que ceux déjà chargés de la réparti-
« tion de la contribution foncière sur les propriétés
« non bâties et de la contribution personnelle et
« mobilière avec l'assistance du contrôleur des
« contributions directes. »

Et cette manière de voir est conforme à l'article 27
de la loi du 21 avril 1832 ainsi conçu : « Les
« commissaires répartiteurs, assistés du contrôleur
« des contributions directes, rédigeront la matrice
« de la contribution des portes et fenêtres d'après
« les bases fixées, etc... »

On remarquera, qu'ici encore, c'est le contrôleur
qui assiste les répartiteurs. et non les répartiteurs
qui assistent le contrôleur.

Mais, si en droit. les attributions des répartiteurs semblent, comme en ce qui concerne la
répartition de la contribution personnelle et mobilière, primer les attributions des contrôleurs, il n'en
est pas de même en pratique.

Ici, il n'y a pas de valeur locative à évaluer, pas
d'appréciation délicate à faire, il s'agit seulement
de constater un fait matériel, c'est-à-dire de compter
le nombre des ouvertures.

Cependant, il arrive que le rôle des répartiteurs
n'est pas toujours aussi passif; si les répartiteurs
et le contrôleur sont généralement d'accord pour

reconnaître le nombre des ouvertures, ils ne s'entendent pas toujours sur la nature de celles-ci.

La loi a, en effet, classé les ouvertures dans plusieurs catégories et leur a assigné des tarifs différents; or, il n'est pas toujours facile de classer certaines ouvertures dans leur véritable catégorie.

Il peut arriver aussi, (nous avons vu le cas se présenter) qu'il y ait doute sur la question de savoir si une ouverture se trouve à l'intérieur ou à l'extérieur.

Dans ces divers cas, nous croyons que c'est aux répartiteurs qu'il appartient de trancher la question. Mais, comme les contrôleurs, par leurs connaissances juridiques, sont mieux à même que les répartiteurs d'apprécier exactement la nature des ouvertures, qu'ils n'ont aucun intérêt ici à augmenter la matière imposable, et qu'il n'en résulte aucun inconvénient pour l'ensemble des contribuables, nous les engageons à ne pas insister sur ce point, si ce n'est pour la forme et pour ne pas laisser prescrire leurs droits.

Dans la pratique, il y a du reste peu d'exemples, que des conflits aient surgi sur ce point.

Réclamations. — Toutes les réclamations concernant les portes et fenêtres doivent être soumises aux répartiteurs et au contrôleur qui donnent leur avis.

CHAPITRE CINQUIÈME

PATENTES

L'impôt des patentes étant un impôt de quotité, c'est-à-dire un impôt non sujet à répartition, et aucun texte de loi n'exigeant, pour la confection de la matrice du rôle, l'assistance des répartiteurs, nous en concluons qu'ils n'ont pas à être consultés au sujet de cet impôt.

Réclamations. — Et il en est de même en ce qui concerne les réclamations faites par les contribuables relativement à cet impôt; ce sont les maires qui, à la place des répartiteurs, sont appelés à donner leur avis.

L'article 131-4°, de l'Instruction générale du 6 avril 1881 porte, en effet : « Les réclamations en
« décharge ou réduction, et les demandes en remi-
« se ou modération doivent, en matière de patente,
« être communiquées aux maires, mais non aux
« répartiteurs, si ce n'est à Paris où la commission

« de répartition est chargée, en ce qui concerne les
« contributions directes, des opérations attribuées
« aux maires dans les autres communes. Ces récla-
« mations et demandes sont d'ailleurs présentées,
« instruites et jugées dans les formes et délais
« prescrits pour les autres contributions directes. »

Cependant, si les répartiteurs n'ont rien à connaître concernant cette contribution, ils ne doivent
pas perdre de vue que, par l'évaluation erronée de
la valeur locative servant d'assiette à la contribution personnelle et mobilière, ils peuvent sensiblement augmenter ou diminuer la valeur locative
servant de base à la contribution des patentes et,
par suite, le chiffre de cet impôt. (Voir ce que nous
avons dit à ce sujet sous le titre *Contribution per—
sonnelle et mobilière*, deuxième partie).

CHAPITRE SIXIÈME

CENTIMES ADDITIONNELS

Les centimes additionnels n'étant qu'un accessoire du principal, les répartiteurs n'ont pas à être consultés à leur sujet, et ce n'est qu'en statuant sur le principal, qu'ils peuvent indirectement augmenter ou diminuer les centimes additionnels.

Nous avons vu, du reste, qu'un contribuable n'est pas recevable à réclamer contre le montant des centimes établis par la loi ou régulièrement votés par le conseil général ou le conseil municipal, alors qu'il ne conteste pas le principal ou la proportionnalité qui lui est appliquée.

CHAPITRE SEPTIÈME

TAXES ASSIMILÉES

Concernant quelques taxes assimilées, on trouve des textes qui déterminent à leur égard les fonctions des répartiteurs.

Relativement aux autres, et à défaut de textes, c'est par l'étude des principes qu'on arrivera à déterminer exactement les attributions des répartiteurs.

Toutes les taxes assimilées étant des taxes de quotité, il semblerait, à première vue, que les répartiteurs n'ont pas à en connaître.

Cependant, comme quelques-unes d'entre elles sont une dépendance des autres contributions, qu'elles viennent s'ajouter à celles-ci, les répartiteurs ont, à leur égard, les mêmes attributions qu'en ce qui concerne l'impôt dont elles sont l'accessoire.

§ I. — TAXES PERÇUES AU PROFIT DE L'ÉTAT

I. Taxe des biens de mainmorte.

Telle est, tout d'abord, la taxe des biens de mainmorte qui est, nous l'avons vu, de cent douze centimes et demi (140 centimes 625 avec les décimes) par franc du principal de la contribution foncière des propriétés bâties, et de 70 centimes (87 centimes 1/2 avec les décimes) par franc du principal de la contribution foncière des propriétés non bâties.

La taxe vient-elle s'ajouter à la contribution foncière d'une propriété non bâtie, elle suit le sort de la répartition.

S'ajoute-t-elle, au contraire, à l'impôt foncier d'une propriété bâtie, la valeur locative fixée à l'immeuble s'applique de plein droit à la taxe. (Conseil d'Etat, 12 février 1898. Dalloz, *Traité des contributions directes*, n° 9609.)

Et lorsque le principal a été réglé définitivement pour dix ans par une décision du conseil d'Etat, la valeur locative servant de base à la taxe sur les biens de mainmorte ne saurait être contestée.

(Conseil d'Etat, 27 novembre 1897. Dalloz, loc. cit. n° 9610.)

D'où il résulte que les attributions des répartiteurs sont ici peu importantes et qu'ils n'ont qu'à signer le rôle préparé par le contrôleur et constater les mutations en ce qui concerne les immeubles nouvellement assujettis à la taxe.

Travail tout matériel qui ne demande aucune appréciation délicate.

Réclamations. — Concernant les réclamations qui, du reste, ne peuvent avoir lieu ici que pour la rectification d'une erreur matérielle (autrement il faudrait d'abord faire rectifier le principal), nous croyons que les répartiteurs ont à donner leur avis dans les mêmes formes que pour l'impôt foncier des propriétés bâties et non bâties. (Voir ce que nous avons dit à ce sujet.) Cela résulte de l'article 2 de la loi du 20 février 1849, ainsi conçu : « Les « formes prescrites pour l'assiette et le recouvre- « ment de la contribution foncière seront suivies « pour l'établissement et la perception de la nou- « velle taxe. »

II. Redevances sur les mines.

Bien que nous n'ayons aucun texte précis à ce sujet, nous croyons que les répartiteurs n'ont pas à intervenir ici et nous nous basons pour cela sur les faits suivants :

1° Que cette taxe est d'une nature spéciale, que dans certains cas en matière de réclamations, l'ingénieur des mines remplace le contrôleur des contributions directes ;

2° Que lorsque le terrain concédé embrasse plusieurs communes, le percepteur de la commune où sont situés les bâtiments de direction est seul chargé du recouvrement — d'où un seul rôle pour plusieurs communes ;

3° Que si les rôles sont publiés et recouvrés comme en matière de contributions directes, la loi ne dit pas qu'on doive suivre les règles ordinaires prescrites pour l'assiette des autres impôts ;

4° Enfin, que la redevance proportionnelle étant établie sur le produit net des mines, il paraît difficile que les répartiteurs, en l'absence d'un texte précis, soient appelés à vérifier la comptabilité d'une compagnie minière.

III. Taxe militaire.

Les répartiteurs n'ont pas à être consultés au sujet de cette taxe. Cela résulte du décret des 24-26 mai 1898, dont l'article 1er est ainsi conçu : « La taxe « militaire est assise, avec l'assistance des maires, « par les agents de l'administration des contribu- « tions directes.

« Dans le cas de dissentiment entre le maire et « les agents de l'administration des contributions

« directes, le directeur soumet la difficulté au
« préfet avec son avis motivé; si le préfet n'adopte
« pas les propositions du directeur, il en est référé
« au ministre des finances. »

Ce texte est formel, tout commentaire est donc
inutile. Cependant, nous prions les répartiteurs de
ne pas oublier que s'ils n'ont pas à intervenir ici,
ils influent indirectement sur le quantum de cette
taxe, puisqu'elle est proportionnelle au principal de
la cote personnelle et mobilière de l'assujetti, et que
ce sont les répartiteurs qui estiment la valeur locative
qui sert d'assiette à la cote mobilière.

Au surplus, nous avons dit que cette taxe ne
présente plus qu'un intérêt provisoire, puisqu'elle
doit complètement disparaître le 31 décembre 1908.

Nous n'insisterons donc pas davantage sur ce
point.

IV. Taxe sur les billards.

Pour les billards nous avons un texte précis :
c'est le décret du 29 décembre 1871, dont l'article 7
porte :

« Les rôles des taxes sur les billards publics et
« privés, sont établis par perception et dressés
« d'après des états matrices rédigés par les agents
« des contributions directes. »

Si nous ne craignions de porter ombrage à la
mémoire de M. de La Palice, nous dirions, tant cela

est évident, que par le seul fait qu'ils n'ont pas été chargés de l'examen de cette taxe, les répartiteurs en sont écartés.

V. Taxe sur les chevaux, voitures, mules, mulets et automobiles.

Bien que la taxe sur les chevaux, voitures, mules et mulets soit une taxe de quotité, le législateur a cru devoir charger de la confection de la matrice du rôle, tous ensemble, le contrôleur des contributions directes, le maire et les répartiteurs, et il semble qu'il n'ait voulu donner à aucun d'eux une prépondérance sur les autres.

Cela résulte très explicitement de l'article 2, §§ 4 et 5 de la loi du 2 juillet 1862, ainsi conçu :

« Si les déclarations ne sont pas faites dans le
« délai ci-dessus, ou si elles sont inexactes ou
« incomplètes, il y sera suppléé d'office par le
« contrôleur des contributions directes qui est
« chargé de rédiger, de concert avec le maire et
« les répartiteurs, l'état matrice destiné à servir de
« base à la confection du rôle.

« En cas de contestation entre le contrôleur et le
« maire et les répartiteurs, il sera, sur le rapport
« du directeur des contributions directes, statué
« par le préfet, sauf référé au ministre des finances
« si la décision était contraire à la proposition du
« directeur et, dans tous les cas, sans préjudice

« pour le contribuable du droit de réclamer après
« la mise en recouvrement du rôle. »

VI. Taxe sur les accidents du travail.

La taxe additionnelle, avons-nous dit, est établie
sur le principal des patentes de certains industriels
et concernant les mines, elle constitue une taxe
minière supplémentaire.

Les deux impôts auxquels elle vient s'ajouter
étant des impôts de quotité, non soumis à la connaissance des répartiteurs, nous en concluons que
ces derniers n'ont pas à être consultés à son sujet.

VII. Taxe sur les cercles.

Comme pour la taxe sur les billards, la confection
de la matrice du rôle relatif à cette taxe est laissée
à la charge du contrôleur des contributions directes
sans qu'il ait à agir de concert avec les répartiteurs
ni même à être assisté par eux.

L'article 6 du décret du 29 décembre 1871, qui
règle la matière, est formel sur ce point ; il est ainsi
conçu :

« Les rôles des taxes sur les cercles, sociétés et
« lieux de réunion où se paient des cotisations sont
« établis par ressort de perception et dressés d'après
« des états matrices rédigés par les agents des
« contributions directes. »

VIII. Autres taxes assimilées perçues au profit de l'Etat

Toutes les autres taxes perçues au profit de l'Etat ou par l'Etat et que nous avons indiquées pour ordre dans la première partie de cet ouvrage, sont d'un intérêt secondaire.

Leur étude approfondie nous entraînerait fort loin ; nous renvoyons donc le lecteur aux lois et décrets spéciaux qui les régissent et que nous avons également indiqués dans la première partie.

Disons, cependant, que la plupart d'entre elles sont de la connaissance des contrôleurs, et que les répartiteurs n'ont pas à en discuter.

———

§ 2. — TAXES PERÇUES AU PROFIT DES COMMUNES

I. Taxe sur les chiens.

L'article 7 du décret du 4 août 1855 porte :
« Le contrôleur des contributions directes est chargé
« de rédiger, de concert avec le maire et les répar-
« titeurs, l'état matrice destiné à servir de base à
« la confection du rôle.

« Si le maire et les répartiteurs refusent de prêter
« leur concours pour la rédaction de l'état matrice,
« le contrôleur procède à la formation de cet état
« qui, dans ce cas, est soumis au préfet par le
« directeur des contributions directes.

« En cas de contestation entre le contrôleur et le
« maire et les répartiteurs, il sera, sur le rapport
« du directeur des contributions directes, statué
« par le préfet, sauf référé au ministre de l'intérieur
« si la décision était contraire à la proposition du
« directeur et, dans tous les cas, sans préjudice
« pour le contribuable du droit de réclamer après
« la mise en recouvrement du rôle ».

Ce texte nous semble précis : c'est au contrôleur,
au maire et aux répartiteurs, agissant de concert,
c'est-à-dire à attributions égales, à préparer l'état
matrice. Tout commentaire paraît superflu.

Cependant, la taxe sur les chiens étant une taxe
communale, c'est-à-dire qui alimente la caisse de
la commune, on se demande pourquoi le contrôleur
a ici des attributions égales.

Le contrôleur représente l'Etat, le maire la
commune, et les répartiteurs, bien que n'étant plus
nommés par les contribuables comme sous l'empire
de la loi de l'an VII, sont censés représenter ces
derniers.

Il semblerait donc que le maire et les répartiteurs devraient être appelés à discuter seuls sur

l'état matrice, sauf à être assistés du contrôleur dont les attributions devraient se borner à rédiger l'état en question et à rappeler les classificateurs à l'observation de la loi.

Mais il ne faut pas perdre de vue qu'il s'agit ici d'une question d'ordre public, et que cette taxe a été créée non pas tant dans le but de procurer des ressources aux communes que de restreindre le nombre de chiens et, par suite, de diminuer le nombre des accidents causés par la rage. (Voir 1re partie.)

C'est sans doute dans le but d'éviter des passe-droits et d'assurer la complète exécution de la loi que le législateur a cru devoir confier des attributions égales à celles du maire et des répartiteurs au représentant de l'Etat qui, plus indépendant que les autres, est plus fort pour résister aux influences locales.

II. Prestations pour l'entretien

des chemins vicinaux.

Nous avons vu dans la première partie, que les prestations pour l'entretien des chemins vicinaux, peuvent être converties en centimes additionnels aux quatre contributions, et que le remplacement peut porter sur la totalité ou sur une partie seulement des prestations, qui sont toujours appréciables en argent et dont on peut, néanmoins, toujours se libérer en nature.

D'après une circulaire du ministre de l'intérieur du 30 avril 1903, deux articles doivent être chaque année inscrits à cet effet dans le budget des communes qui ont remplacé les prestations par des centimes :

1° Produit des prestations conservées ;

2° Produit de la taxe vicinale provenant des centimes additionnels de remplacement.

Concernant les centimes additionnels, nous avons vu que les répartiteurs n'ont pas à s'en occuper en raison de ce fait qu'ils ne sont qu'un accessoire du principal et que c'est au conseil municipal à les voter.

Mais il n'en est pas de même pour les prestations conservées en nature ; donc, dans les communes qui n'ont pas remplacé les prestations par la taxe vicinale, ou dans celles qui ne les ont remplacées que partiellement, les répartiteurs ont à coopérer à la confection de la matrice au moment de la tournée du contrôleur pour les mutations. C'est du reste là un travail tout matériel préparé par le contrôleur et que les répartiteurs n'ont guère à discuter.

Aussi, nous n'insisterons pas sur ce point.

Disons seulement que lorsque les prestations en nature doivent être établies pour la première fois dans une commune, le contrôleur des contributions directes, assisté du maire, des répartiteurs et du receveur municipal, rédige un état matrice des contribuables soumis à la prestation. Cet état est ensuite approuvé par le préfet.

III. Autres taxes assimilées
perçues au profit des communes.

Les autres taxes assimilées perçues au profit des communes et que nous avons indiquées dans la première partie, sont d'un intérêt tout secondaire; nous renvoyons le lecteur aux lois spéciales qui les régissent.

Pour la plupart d'entre elles, les répartiteurs n'ont, du reste, pas à intervenir.

TROISIÈME PARTIE

—

LOIS ET DÉCRETS

Cités dans l'ouvrage.

———

LOIS

3 frimaire an VII.

1. Le corps législatif établit chaque année une imposition foncière.

Il en détermine annuellement le montant en principal et en centimes additionnels.

Elle est perçue en argent.

2. La répartition de l'imposition (ou contribution) foncière est faite par égalité proportionnelle sur toutes les propriétés foncières, à raison de leur revenu net imposable, sans autres exceptions que celles déterminées ci-après pour l'encouragement de l'agriculture ou pour l'intérêt général de la société.

. . . .

8. La répartition de la contribution foncière est faite par le corps législatif entre les départements; pour les administrations centrales de département, entre les cantons et les communes qui ont pour elles seules une administration municipale par les administrations municipales de canton, entre les communes de leur arrondissement, et par des répartiteurs entre les contribuables.

9. Les répartiteurs sont au nombre de sept, savoir : l'agent municipal et son adjoint, dans les communes de moins de cinq mille habitants ; deux officiers municipaux désignés à cet effet dans les autres communes et cinq citoyens capables choisis par l'administration municipale parmi les contribuables fonciers de la commune, dont deux au moins non domiciliés dans ladite commune s'il s'en trouve de tels.

. . . .

23. Les sept répartiteurs délibèrent en commun à la majorité des suffrages. Ils ne peuvent prendre aucune détermination s'ils ne sont au nombre de cinq, au moins, présents. Ils sont convoqués et présidés par l'agent municipal ou par son adjoint, ou par l'un des officiers municipaux désignés, dans les communes ayant pour elles seules une administration municipale et, à leur défaut, par le plus âgé des autres répartiteurs.

. . . .

31. Les matrices des rôles existantes continueront à servir de base à la répartition de la contribution foncière entre les contribuables de chaque commune, sauf les changements ou renouvellements, comme il est dit dans l'article 32 ci-après, et sans préjudice, pour les contribuables qui se prétendraient surtaxés, de se pourvoir en décharge ou réduction dans les formes légales.

32. Dans la première décade de thermidor de chaque année, l'agent municipal de chaque commune ou son adjoint et l'un des officiers municipaux désignés dans les communes ayant pour elles seules une administration municipale, convoqueront les répartiteurs pour examiner la matrice du rôle, y faire les changements convenables d'après les mutations survenues parmi les propriétaires, la renouveler même s'il y a lieu. Les commissaires du Directoire exécutif près les administrations municipales seront appelés à cette assemblée de répartiteurs ; ils en requerront même la convocation, en cas de négligence de la part des agents et adjoints ou officiers municipaux.

33. Les changements annuels dont il s'agit aux deux articles précédents consisteront en la formation d'un simple état ou relevé des mutations de propriétés survenues parmi les contribuables, et dont il aura été tenu note par le secrétaire de l'administration municipale, sur un registre particulier ouvert, à cet effet, sous le nom de livre des mutations.

34. Le livre des mutations sera coté et paraphé à chaque feuillet par le président de l'Administration municipale ; il portera en tête l'énonciation du nombre de feuillets dont il se trouvera composé et de la date de son ouverture ; cette énonciation sera signée par le président de l'administration municipale.

35. L'état ou relevé des mutations sera arrêté et signé par les répartiteurs, visé tant par l'administration municipale que par le commissaire du Directoire exécutif près cette administration, et restera joint à la matrice du rôle.

Le commissaire du Directoire exécutif en prendra copie, qu'il certifiera conforme et qu'il enverra sur le champ au commissaire près l'administration centrale, après l'avoir fait viser par l'administration municipale.

36. La note de chaque mutation de propriété sera inscrite au livre des mutations, à la diligence des parties intéressées ; elle contiendra la désignation précise de la propriété ou des propriétés qui en seront l'objet, et il y sera dit à quel titre la mutation s'en est opérée.

Tant que cette note n'aura point été inscrite, l'ancien propriétaire continuera d'être imposé au rôle et lui ou ses héritiers naturels pourront être contraints au payement de l'imposition foncière, sauf le recours contre le nouveau propriétaire.

. . . .

103. Les rues, les places publiques servant aux foires et marchés, les grandes routes, les chemins publics vicinaux et les rivières ne sont point cotisables.

104. Les canaux destinés à conduire les eaux à des moulins, forges ou autres usines, ou à les détourner pour l'irrigation, seront cotisés, mais à raison de l'espace seulement qu'ils occupent et sur le pied des terres qui les bordent.

. . . .

146. La cotisation de chaque contribuable est divisée en douze portions égales et payable de mois en mois, tant qu'il n'en est point ordonné autrement par une loi particulière. Nul ne peut être contraint que pour les portions échues.

147. Tous fermiers ou locataires seront tenus de payer à l'acquit des propriétaires ou usufruitiers, la contribution foncière pour les biens qu'ils auront pris à ferme ou à loyer; et les propriétaires ou usufruitiers, de recevoir le montant des quittances de cette contribution pour comptant sur le prix des fermages ou loyers, à moins que le fermier ou locataire n'en soit chargé par son bail.

4 frimaire an VII

1. Il y aura pour l'an VII une contribution réglée de la manière suivante :

2. Cette contribution est établie sur les portes et fenêtres donnant sur les rues, cours ou jardins des bâtiments et usines, sur tout le territoire de la République et dans les proportions ci-après :

. . . .

5. Ne sont pas soumises à la contribution établie par la présente, les portes et fenêtres servant à éclairer ou aérer les granges, bergeries, étables, greniers, caves et autres locaux non destinés à l'habitation des hommes, ainsi que toutes les ouvertures du comble ou toiture des maisons habitées.

Ne sont pas également soumises à ladite contribution les portes et fenêtres des bâtiments employés à un service public, civil, militaire ou d'instruction, ou aux hospices.

Néanmoins, si lesdits bâtiments sont occupés en partie par des citoyens auxquels la République ne doit point de logement d'après les lois existantes, lesdits citoyens seront soumis à ladite contribution, à concurrence des parties desdits bâtiments qu'ils occuperont.

. . . .

12. La contribution des portes et fenêtres sera exigible contre les propriétaires et usufruitiers, fermiers et locataires principaux des maisons, bâtiments et usines, sauf leur recours contre les locataires particuliers pour le remboursement de la somme due à raison des locaux par eux occupés.

. . . .

15. Lorsque le même bâtiment sera occupé par le propriétaire et un ou plusieurs locataires, ou par plusieurs locataires seulement, la contribution des portes et fenêtres d'un usage commun sera acquittée par les propriétaires ou usufruitiers.

24 floréal an VIII
Contribution Foncière.

3. Lorsqu'un contribuable se croira taxé dans une proportion plus forte qu'un ou plusieurs autres propriétaires de la commune où sont situés ses biens, il se pourvoira devant le sous-préfet de l'arrondissement ; il joindra à sa réclamation une déclaration de ses propriétés et de ses revenus.

4. Le sous-préfet enverra la réclamation au contrôleur : ce dernier prendra l'avis des répartiteurs de la commune, lesquels le donneront dans la décade. S'ils conviennent de la justesse de la réclamation, il en dressera un procès-verbal, qu'il fera passer au sous-préfet : celui-ci, après avoir donné son avis, enverra le tout au préfet, qui prendra l'avis du directeur, et le conseil de préfecture prononcera la réduction de la cote. Le montant de la réduction sera réimposé sur les autres propriétaires.

5. *Si les répartiteurs ne conviennent pas de la surtaxe deux experts seront nommés, l'un par le sous-préfet et l'autre par le réclamant.* Les experts se rendront sur les lieux avec le contrôleur et, en présence de deux répartiteurs et du réclamant ou de son fondé de pouvoir, ils vérifieront les revenus objet de la cote du réclamant et des autres cotes, prises ou indiquées par le réclamant, pour comparaison dans le rôle de la contribution foncière de la même commune. (Cet article a été *modifié par l'article 16, loi du 17 juillet 1895.*)

6. Le contrôleur rédigera un procès-verbal des dires des experts et joindra son avis.

Le sous-préfet, après avoir donné lui-même son avis, enverra le tout au préfet. S'il en résulte que les cotes prises pour comparaison sont dans une proportion plus faible que celle du réclamant, le conseil de préfecture, toujours sur l'avis du directeur des contributions, prononcera la réduction, à raison du taux commun des autres cotes.

Le montant de cette réduction sera réimposé sur les autres contribuables de la commune.

Contribution personnelle.

8. Lorsqu'un citoyen se croira surtaxé à raison de ses facultés, il se pourvoira, devant le sous-préfet; il joindra à sa réclamation une déclaration de ses facultés.

9. La marche **tracée** ci-dessus pour la contribution foncière sera également suivie dans l'instruction de l'affaire, et si les répartiteurs de la commune conviennent de la justesse de la réclamation, le conseil de préfecture prononcera la réduction de la cote, dont le montant sera réimposé sur les autres contribuables de la commune.

10. Si les répartiteurs ne conviennent pas de la surtaxe, le sous-préfet nommera deux commissaires qui se rendront sur les lieux avec le contrôleur de l'arrondissement; et en présence de deux répartiteurs et du réclamant ou de son fondé de pouvoir, ils vérifieront les faits, s'il s'agit d'objet compris mal à propos dans les facultés du réclamant.

11. Si le contribuable ne conteste pas les objets compris dans l'évaluation de ses facultés, mais qu'il croit cette

évaluation trop forte comparativement à celles des autres
contribuables, le contrôleur et les deux commissaires vérifieront les évaluations servant de base à la cote du réclamant et
celles des autres cotes prises ou indiquées par celui-ci, pour
comparaison dans le rôle de la contribution personnelle de la
même année.

12. Le contrôleur rédigera un procès-verbal et le remettra
au sous-préfet, qui le fera passer avec son avis au préfet.
S'il en résulte qu'il y a surtaxe, le conseil de préfecture, sur
l'avis du directeur des contributions prononcera la réduction,
dont le montant sera réimposé sur les autres habitants de la
commune.

19 ventôse an IX.

1. Les bois et forêts nationaux ne payeront point de contributions.

. . . .

3. Les bois et forêts nationaux, qui, par vente ou par levée
des séquestres, redeviendront propriétés particulières, seront,
à compter de l'année qui suivra leur distraction des propriétés
nationales, portés au rôle de la contribution foncière comme
les autres propriétés; et pareille somme sera ajoutée à la
contribution de la commune dans laquelle ils seront situés,
pour cette année et la suivante.

21 avril 1832

. . . .

8. A partir du 1ᵉʳ janvier 1832, la contribution personnelle sera réunie à la contribution mobilière et ces deux
contributions seront établies par voie de répartition entre les
départements, les arrondissements, les communes et les contribuables.

9. Le contingent assigné à chaque département sera réparti
entre les arrondissements par le conseil général et entre les
communes par les conseils d'arrondissement, d'après le nombre
des contributions passibles de la taxe personnelle et d'après les
valeurs locatives d'habitation.

10. La taxe personnelle se compose de la valeur de trois journées de travail. Le conseil général, sur la proposition du préfet, déterminera le prix moyen de la journée de travail dans chaque commune, sans pouvoir néanmoins le fixer au-dessous de cinquante centimes ni au-dessus d'un franc cinquante centimes.

. . . .

12. La contribution personnelle et mobilière est due par chaque habitant français et par chaque étranger de tout sexe jouissant de ses droits et non réputé indigent.

Sont considérés comme jouissant de leurs droits, les veuves et les femmes séparées de leur mari; les garçons et les filles majeures ou mineures ayant des moyens suffisants d'existence, soit par leur fortune personnelle, soit par la profession qu'ils exercent, lors même qu'ils habitent avec leur père, mère, tuteur ou curateur.

13. La taxe personnelle n'est due que dans la commune du domicile réel; la contribution mobilière est due pour toute habitation meublée, située soit dans la commune du domicile réel, soit dans toute autre commune.

Lorsque, par suite de changement de domicile, un contribuable se trouvera imposé dans deux communes quoique n'ayant qu'une seule habitation, il ne devra la contribution que dans la commune de sa nouvelle résidence.

17. Les commissaires répartiteurs, assistés du contrôleur des contributions directes, rédigeront la matrice du rôle de la contribution personnelle et mobilière. Ils porteront sur cette matrice tous les habitants jouissant de leurs droits et non réputés indigents et détermineront les loyers qui doivent servir de base à la répartition individuelle.

Les parties de bâtiments consacrées à l'habitation personnelle devront seules être comprises dans l'évaluation des loyers.

Il sera formé annuellement un état des mutations survenues pour cause de décès, de changement de résidence, de diminution ou d'augmentation de loyer.

18. Lors de la formation de la matrice, le travail des répartiteurs sera soumis au conseil municipal qui désignera les habitants qu'il croira devoir exempter de toute cotisation, et ceux qu'il jugera convenable de n'assujettir qu'à la taxe personnelle.

19. Les centimes additionnels généraux et particuliers, ajoutés au principal du contingent personnel et mobilier de la commune, ne porteront que sur les cotisations mobilières ; la taxe personnelle sera imposée en principal seulement.

20. Dans les villes ayant un octroi, le contingent personnel et mobilier pourra être payé en totalité ou en partie par les caisses municipales, sur la demande qui en sera faite aux préfets par les conseils municipaux. Ces conseils détermineront la portion du contingent qui devra être prélevée sur les produits de l'octroi. La portion à percevoir au moyen d'un rôle sera répartie en cote mobilière seulement, au centime le franc des loyers d'habitation, après déduction des faibles loyers que les conseils municipaux croiront devoir exempter de la cotisation.

Les délibérations prises par les conseils municipaux ne recevront leur exécution qu'après avoir été approuvées par ordonnance royale.

. . . .

24. A partir du 1ᵉʳ janvier 1832, la contribution des portes et fenêtres sera établie par voie de répartition entre les départements, les arrondissements, les communes et les contribuables conformément au tarif ci-après, sauf les modifications proportionnelles qu'il sera nécessaire de lui faire subir pour remplir les contingents.

Dans les villes et communes au-dessus de cinq mille âmes, la taxe correspondante au chiffre de leur population ne s'appliquera qu'aux habitations comprises dans la partie agglomérée, telle qu'elle aura été déterminée par le dernier décret de dénombrement. Les habitations dépendantes de la banlieue seront portées dans la classe des communes rurales.

. . . .

. . . .

27. Les commissaires répartiteurs, assistés du contrôleur des contributions directes, rédigeront la matrice de la contribution des portes et fenêtres d'après les bases fixées par les lois des 4 frimaire an VII et 4 germinal an XI, sauf les modifications ci-après :

Il ne sera compté qu'une seule porte charretière pour chaque ferme, métairie ou toute autre exploitation rurale.

Les portes charretières existant dans les maisons à une, deux, trois, quatre et cinq ouvertures, ne seront comptées et taxées que comme portes ordinaires.

Sont imposables les fenêtres dites mansardes et autres ouvertures pratiquées dans la toiture des maisons, lorsqu'elles éclairent des appartements habitables.

Les fonctionnaires, les ecclésiastiques et les employés civils et militaires, logés gratuitement dans les bâtiments appartenant à l'Etat, aux départements, aux arrondissements, aux communes ou aux hospices, seront imposés nominativement pour les portes et fenêtres des parties de ces bâtiments servant à leur habitation personnelle,

28. *Cet article est modifié par l'art. 17 de la loi du 13 juillet 1903 ; s'y reporter.*

29. La pétition sera renvoyée au contrôleur des contributions directes qui vérifiera les faits et donnera son avis après avoir pris celui des répartiteurs.

Si le directeur, des contributions directes est d'avis qu'il y a lieu d'admettre la demande, il fera son rapport et le conseil de préfecture statuera.

Dans le cas contraire, le directeur exprimera les motifs de son opinion, transmettra le dossier à la sous-préfecture et invitera le réclamant à en prendre communication et à faire connaître dans les dix jours s'il veut fournir de nouvelles observations ou recourir à la vérification par voie d'experts. Si l'expertise est demandée, les deux experts seront nommés l'un par le sous-préfet, l'autre par le réclamant, et il sera procédé à la vérification dans les formes prescrites par l'arrêté du gouvernement du 24 floréal an VIII.

. . . .

21 Mai 1836.

. . . .

2. En cas d'insuffisance des ressources ordinaires des communes, il sera pourvu à l'entretien des chemins vicinaux à l'aide, soit de prestations en nature, dont le maximum est fixé à trois journées de travail, soit de centimes spéciaux en addition au principal des quatre contributions directes et dont le maximum est fixé à cinq.

Le conseil municipal pourra voter l'une ou l'autre de ces ressources, ou toutes les deux concurremment.

Le concours des plus imposés ne sera pas nécessaire dans les délibérations prises pour l'exécution du présent article.

3. Tout habitant, chef de famille ou d'établissement, à titre de propriétaire, de régisseur, de fermier ou de colon partiaire, porté au rôle des contributions directes pourra être appelé à fournir, chaque année, une prestation de trois jours :

1° Pour sa personne et pour chaque individu mâle, valide, âgé de dix-huit ans au moins et de soixante ans au plus, membre ou serviteur de la famille et résidant dans la commune.

2° Pour chacune des charrettes ou voitures attelées, et en outre, pour chacune des bêtes de somme, de trait, de selle, au service de la famille ou de l'établissement dans la commune.

. . . .

3 juillet 1846.

. . . .

5. Dans les villes où, en vertu de l'article 20 de la loi du 21 avril 1832, les conseils municipaux demanderont qu'une partie du contingent personnel et mobilier soit prélevée sur les caisses municipales, la portion du contingent restant à percevoir au moyen d'un rôle pourra, déduction faite des faibles loyers qui seront jugés devoir être exemptés de toute cotisation, être répartie, en vertu des délibérations desdits conseils, soit au centime le franc des loyers d'habitation, soit d'après un tarif gradué, en raison de la progression ascendante de ces loyers.

14

Les délibérations prises à ce sujet ne recevront leur exécution qu'après avoir été approuvées par ordonnance royale.

6. Dans les trois mois de la publication des rôles, les percepteurs des contributions directes formeront, s'il y a lieu, pour chacune des communes de leur perception, des états présentant, par nature de contributions, les cotes qui leur paraîtront avoir été indûment imposées, et adresseront ces états au préfet et aux sous-préfets par l'intermédiaire des receveurs des finances.

Les états dont il s'agit seront renvoyés aux contrôleurs des contributions directes qui vérifieront les faits et les motifs allégués par les percepteurs et donneront leur avis après avoir pris celui du maire ou des répartiteurs. Le directeur des contributions directes fera son rapport et le conseil de préfecture statuera. Le montant des décharges prononcées sur les contributions foncière, personnelle et mobilière, sera réimposé au rôle de l'année suivante.

2 mai 1855.

1. À partir du 1er janvier 1856, il sera établi dans toutes les communes et à leur profit, une taxe sur les chiens.

2. Cette taxe ne pourra excéder dix francs, ni être inférieure à un franc.

3. Des décrets, rendus en conseil d'Etat, règleront, sur la proposition des conseils municipaux, et après avis des conseils généraux, les tarifs à appliquer dans chaque commune.

À défaut de présentation de tarifs par la commune, ou d'avis émis par le conseil général, il est statué d'office, sur la proposition du préfet.

4. Les tarifs établis en exécution de l'article 2 pourront être revisés à la fin de chaque période de trois ans.

5. Un règlement d'administration publique déterminera les formes à suivre pour l'assiette de l'impôt et les cas où l'infraction à ses dispositions donnera lieu à un accroissement de taxe. Cet accroissement ne pourra s'élever à plus du quadruple de la taxe fixée par les tarifs.

6. Le recouvrement des taxes autorisées par la présente loi aura lieu comme en matière de contributions directes.

2 juillet 1862.

. . . .

4. A partir du 1ᵉʳ janvier 1863, il sera perçu une contribution annuelle, par chaque voiture attelée et pour chaque cheval affecté au service personnel du propriétaire ou au service de sa famille.

. . . .

7. Ne donnent pas lieu au payement de la taxe :
2° Les juments et étalons exclusivement consacrés à la reproduction.

. . . .

9. Dans le cas où, à raison d'une résidence nouvelle, le contribuable devient passible d'une taxe supérieure à celle à laquelle il a été assujetti au 1ᵉʳ janvier, il ne doit qu'un droit complémentaire égal au montant de la différence.

. . . .

11. Les contribuables sont tenus de faire la déclaration des voitures et des chevaux à raison desquels ils sont imposables, et d'indiquer les différentes communes où ils ont des habitations, en désignant celles où ils ont des éléments de cotisation en permanence.

Les déclarations sont valables pour toute la durée des faits qui y ont donné lieu ; elles doivent être modifiées dans le cas de changement de résidence hors de la commune ou du ressort de la perception, et dans le cas de modifications survenues dans les bases des cotisations.

Les déclarations seront faites ou modifiées, s'il y a lieu, le 15 janvier, au plus tard, de chaque année, à la mairie de l'une des communes où les contribuables ont leur résidence.

Si les déclarations ne sont pas faites dans le délai ci-dessus, ou si elles sont inexactes ou incomplètes, il y sera suppléé d'office par le contrôleur des contributions directes, qui est chargé de rédiger, de concert avec le maire et les répartiteurs, l'état matrice destiné à servir de base à la confection du rôle.

En cas de contestation entre le contrôleur et le maire et les répartiteurs, il sera, sur le rapport du directeur des contributions directes, statué par le préfet, sauf referé au ministre des finances, si la décision était contraire à la proposition du directeur, et dans tous les cas sans préjudice pour le contribuable du droit de réclamer après la mise en recouvrement du rôle.

12. Les taxes seront doublées pour les voitures et les chevaux qui n'auront pas été déclarés ou qui auront été déclarés d'une manière inexacte.

. . . .

16 septembre 1871.

. . . .

7. La loi du 2 juillet 1862 sur l'impôt des chevaux et des voitures est remise en vigueur à dater du 1er janvier 1872.

8. A dater du premier octobre 1871 les billards publics et privés seront soumis aux taxes suivantes :

Paris, 60 francs.

Villes au-dessus de cinquante mille âmes, 30 francs.

Villes de dix mille à cinquante mille âmes, 15 francs.

Ailleurs, 6 francs.

9. Il est établi sur les cercles, sociétés et lieux de réunions où se payent des cotisations, une taxe réglée à la fois sur le montant des cotisations y compris les droits d'entrée, et sur le montant de la valeur locative des bâtiments, locaux et emplacement,s affectés à l'usage de l'établissement d'après les catégories suivantes :

1re catégorie : Cercles dont les cotisations s'élèvent à 8.000 francs et au-dessus, ou la valeur locative à 4.000 francs et au-dessus : 20 pour cent du montant des cotisations et 8 pour cent du montant de la valeur locative.

2e catégorie : Cercles dont les cotisations sont de 3.000 francs et au-dessus mais inférieures à 8.000 francs ou dont la valeur locative est de 2.000 francs et au-dessus, mais n'atteint pas

4.000 francs : 10 pour cent du montant des cotisations et 4 pour cent du montant de la valeur locative.

3ᵉ catégorie : Cercles dont les cotisations sont inférieures à 3.000 francs et la valeur locative inférieure à 2.000 francs : 5 pour cent du montant des cotisations et 2 pour cent de la valeur locative. La taxe sera acquittée par les gérants, secrétaires et trésoriers.

Les dispositions ci-dessus seront appliquées, pour la première fois aux cotisations afférentes à l'année 1890 et aux valeurs locatives constatées pour la même année.

Un règlement d'administration publique déterminera les mesures nécessaires pour l'exécution du présent article.

Ne sont pas assujettis à la taxe les sociétés de bienfaisance et de secours mutuels, ainsi que celles exclusivement scientifiques, littéraires, agricoles, musicales, dont les réunions ne sont pas quotidiennes.

10. Les taxes établies par les articles 8 et 9 de la loi présente seront doublées pour les contribuables qui auront fait des déclarations inexactes ou qui n'auront pas fait leur déclaration dans les trois mois qui suivront la promulgation de la présente loi, et à l'avenir, avant le 31 janvier de chaque année.

Lorsqu'il n'y aura pas lieu à perception nouvelle ou à changement dans la perception antérieure, la déclaration ne sera pas exigée et la taxe continuera à être perçue sur le pied de l'année précédente.

Les demandes en décharge devront, à peine de nullité, être faites avant le 31 janvier de chaque année.

. . . .

23 juillet 1872.

. . . .

5. A partir du 1ᵉʳ janvier 1873, les taxes spécifiées à l'article 5 de la loi du 2 juillet 1862, concernant la contribution sur les voitures et les chevaux seront appliquées :

1º Aux voitures suspendues destinées au transport des personnes ;

2º Aux chevaux servant à atteler les voitures imposables ;

3° Aux chevaux de selle.

6. La taxe est réduite de moitié pour les chevaux et les voitures imposables d'après l'article 5 de la loi du 23 juillet 1872, lorsqu'ils sont employés habituellement pour le service de l'agriculture ou d'une profession quelconque, donnant lieu à l'application du droit de patente, sauf en ce qui concerne les professions rangées dans le tableau G annexé à la loi du 18 mai 1850, et dans les tableaux correspondants annexés aux lois de patentes subséquentes.

7. L'exemption de taxe prévue par l'article 7 de la loi du 2 juillet 1862 est étendue :

1° Aux voitures et chevaux affectés exclusivement au service des voitures publiques qui sont soumises aux droits perçus par l'administration des contributions indirectes;

2° Aux chevaux et voitures possédés par les marchands de chevaux, carrossiers, marchands de voitures et exclusivement destinés à la vente ou à la location ;

3° Aux chevaux et voitures possédés en conformité des règlements du service militaire ou administratif.

. . . .

10. Il est attribué aux communes un vingtième du produit de l'impôt établi par l'article 4 de la loi du 2 juillet 1862, et dont l'assiette est modifiée par la présente loi, déduction faite des cotes et portions de cotes dont le dégrèvement aura été accordé.

. . . .

14 décembre 1875.

1. Sont exceptées, à partir du 1er janvier 1876, de la taxe établie par l'article 1er de la loi du 20 février 1849, les sociétés anonymes ayant pour objet exclusif l'achat et la vente d'immeubles. Néanmoins la taxe continuera d'être perçue pour les immeubles exploités par la société ou qui ne sont pas destinés à être vendus.

22 décembre 1879.

. . . .

2. Les mules et mulets de selle, ainsi que les mules et mulets servant à atteler les voitures imposables à la contribution sur les voitures et les chevaux, sont passibles de cette contribution, d'après le même tarif et suivant les mêmes règles que les chevaux.

15 juillet 1880.

Cette loi, à elle seule, constituerait un petit volume, nous ne pouvons par suite, la transcrire ici, nos lecteurs la trouveront soit dans les mairies, soit chez n'importe quel homme d'affaire.

5 avril 1884.

. . . .

61. Le conseil municipal règle, par ses délibérations, les affaires de la commune.

Il donne son avis toutes les fois que cet avis est requis par les lois et règlements, ou qu'il est demandé par l'administration supérieure.

Il réclame, s'il y a lieu, contre le contingent assigné à la commune dans l'établissement des impôts de répartition.

Il émet des vœux sur tous les objets d'intérêt local.

Il dresse chaque année une liste contenant un nombre double de celui des répartiteurs et des répartiteurs suppléants à nommer ; et, sur cette liste, le sous-préfet nomme les cinq répartiteurs visés dans l'article 9 de la loi du 3 frimaire an VII et les cinq répartiteurs suppléants.

. . . .

140. Les taxes particulières, dues par les habitants ou propriétaires, en vertu des lois et des usages locaux, sont réparties par une délibération du conseil municipal approuvée par le préfet.

Ces taxes sont perçues suivant les formes établies pour le recouvrement des contributions publiques.

. . . .

144. Les forêts et bois de l'État acquittent les centimes additionnels, ordinaires et extraordinaires, affectés aux dépenses des communes, dans la même proportion que les propriétés privées.

. . . .

3 novembre 1884.

. . . .

2. Dans tous les cas, le contrat d'échange renfermera l'indication de la contenance, du numéro de la section, du lieu dit, de la classe, de la nature et du revenu du cadastre de chacun des immeubles échangés, et un extrait de la matrice cadastrale desdits biens, qui sera délivré gratuitement, soit par le maire, soit par le directeur des contributions directes, sera déposé au bureau lors de l'enregistrement.

. . . .

21 juillet 1887.

. . . .

2. Tout contribuable qui se croira imposé à tort ou surtaxé, soit dans les rôles généraux des quatre contributions directes, soit dans ceux de la taxe des prestations en nature, pourra en faire la déclaration à la mairie du lieu de l'imposition, dans le mois qui suivra la publication desdits rôles. Cette déclaration sera reçue sans frais ni formalités, sur un registre tenu à la mairie ; elle sera signée par le réclamant ou son mandataire. Celles de ces déclarations qui, après examen sommaire, auront pu être immédiatement reconnues fondées, seront analysées par les agents des contributions directes sur un état qui sera revêtu de l'avis du maire ou des répartiteurs, suivant le cas, ainsi que de celui du contrôleur et du directeur. Le conseil de préfecture prononcera les dégrèvements ; il s'abstiendra toutefois de statuer sur les cotes ou portions de cotes qui lui auraient paru devoir être maintenues au rôle. Les contribuables, dont les déclarations n'auraient pas été portées ou maintenues sur l'état dont il s'agit, et ceux sur la cote desquels le conseil de préfecture n'aurait pas eu à statuer, en seront avisés, et ils auront la faculté de présenter des demandes en dégrèvements, dans les formes ordinaires, dans un délai d'un mois à partir de la date de la notification, sans préjudice des délais fixés par les lois du 21 avril 1832, article 28, et du 29 décembre 1884. (Art. 4).

. . . .

17 juillet 1889.

. . . .

3. Les père et mère de sept enfants vivants, mineurs, légitimes ou reconnus, assujettis à une contribution personnelle-mobilière, égale ou inférieure à 10 francs en principal, seront exonérés d'office de cette contribution. Les dégrèvements seront imputés sur les fonds de non-valeur.

. . . .

8 août 1890.

. . . .

4. A partir du 1er janvier 1891, il ne sera plus assigné de contingents aux départements, arrondissements et communes en matière de contribution foncière des propriétés bâties.

5. La contribution foncière des propriétés bâties sera, à partir de la même date, réglée en raison de la valeur locative de ces propriétés, telle qu'elle a été établie, conformément à l'article 34 de la loi du 8 août 1885, sous déduction d'un quart pour les maisons et d'un tiers pour les usines, en considération du dépérissement et des frais d'entretien et de réparation.

Le bénéfice des dispositions de l'article 85 de la loi du 3 frimaire an VII est étendu aux bâtiments qui servent à loger, indépendamment des bestiaux, des fermes et métairies, le gardien de ces bestiaux.

. . . .

7. Tout propriétaire de propriété bâtie est admis à réclamer contre l'évaluation attribuée à son immeuble pendant les six mois, à dater de la publication du premier rôle dans lequel cet immeuble aura été imposé, et pendant trois mois, à partir de la publication du rôle suivant.

En ce qui concerne les rôles subséquents, les propriétaires sont admis à réclamer pendant les trois mois de la publication de chaque rôle, lorsque, par suite de circonstances exceptionnelles, leur immeuble aura subi une dépréciation.

En dehors des cas prévus aux deux paragraphes précédents, aucune demande en décharge ou en réduction ne sera recevable, sauf dans le cas où l'immeuble serait en tout ou en partie détruit, ou converti en bâtiment rural.

Les réclamations sont présentées, instruites et jugées selon les règles suivies en matière de contributions directes.

8. Les évaluations servant de base à la contribution foncière des propriétés bâties seront revisées tous les dix ans.

Toutefois, si, par suite de circonstances exceptionnelles, il se produit dans l'intervalle de deux revisions décennales une dépréciation générale des propriétés bâties, soit de l'intégralité, soit d'une fraction notable d'une commune, le conseil municipal aura le droit de demander qu'il soit procédé à une nouvelle évaluation des propriétés bâties de l'ensemble de la commune, à la charge pour celle-ci de supporter les frais de l'opération.

Les évaluations ainsi établies seront néanmoins renouvelées à l'expiration de la période décennale en cours.

9. Les constructions nouvelles, les reconstructions et les additions de construction seront imposées par comparaison avec les autres propriétés bâties de la commune où elles seront situées.

Elles ne seront soumises à la contribution foncière que la troisième année après leur achèvement.

Pour jouir de l'exception temporaire spécifiée au deuxième paragraphe du présent article, le propriétaire devra faire à la mairie de la commune où sera élevé le bâtiment passible de la contribution, et dans les quatre mois à partir de l'ouverture des travaux, une déclaration indiquant la nature du bâtiment, sa destination et la désignation, d'après les documents cadastraux du terrain sur lequel il doit être construit.

Sont considérées comme constructions nouvelles, la conversion d'un bâtiment rural en maison ou en usine, et l'affectation de terrain à des usages commerciaux ou industriels, dans les conditions indiquées à l'article 1er de la loi du 29 décembre 1884.

10. Les constructions nouvelles, les reconstructions et les additions de construction non déclarées ou déclarées après l'expiration du délai fixé par l'article précédent, seront soumises à la contribution foncière, à partir du 1er janvier de l'année qui suivra celle de leur achèvement.

Elles seront imposées au moyen de rôles particuliers, tant à la contribution foncière qu'à celle des portes et fenêtres, jusqu'à ce qu'elles aient été comprises dans les rôles généraux.

Leurs cotisations, tant en principal qu'en centimes additionnels, seront égales à celles que supporteront, pour l'année en cours, les immeubles de même nature et de même importance ; mais elles seront multipliées par le nombre d'années écoulées entre celles où les constructions nouvelles, les reconstructions et les additions de construction auront été achevées et celles où elles auront été découvertes, y compris cette dernière année, sans toutefois pouvoir être plus que quintuplées.

Elles viendront en accroissement des contingents des contributions personnelle-mobilière, et des portes et fenêtres.

Toutefois le contingent de la contribution personnelle mobilière ne sera augmenté qu'à partir de l'année ou lesdites constructions, reconstructions et additions de construction seront comprises aux rôles généraux, sous réserve, lorsqu'il y aura lieu, des dispositions de l'article 2 de la loi du 4 août 1844.

11. Le contrôleur des contributions directes, assisté du maire et des répartiteurs, assurera l'exécution des deux articles qui précèdent.

. . . .

17 juillet 1895.

. . . .

16. En matière soit de contributions directes, soit de taxes assimilées aux contributions directes pour le recouvrement, et dont l'assiette et la répartition sont confiées à l'administration des contributions directes, toute expertise demandée par un contribuable, en réclamation ou ordonnée d'office par le conseil de préfecture, est faite par trois experts, à moins que les parties ne consentent qu'il soit procédé par un seul.

Dans ce dernier cas, l'expert est nommé par le conseil de préfecture. Si l'expertise est confiée à trois experts, l'un d'eux est nommé par ce conseil et chacune des parties est appelée à nommer son expert.

Les frais d'expertise sont supportés par la partie qui succombe. Ils peuvent, en raison des circonstances de l'affaire, être compensés en tout ou en partie.

Les dispositions contenues dans les trois paragraphes qui précèdent seront applicables à partir de la promulgation de la présente loi.

L'article 29 de la loi du 21 avril 1832 est modifié en ce qu'il a de contraire à ces dispositions.

L'article 5 de la loi du 29 décembre 1884 est abrogé.

. . . .

21 juillet 1897.

1. Les remises suivantes sont accordées sur les contributions foncières des propriétés non bâties. Part de l'Etat :

Cotes de dix francs et au-dessous, uniques ou totalisées : remise totale.

Cotes de dix francs un centime à quinze francs (10 fr. 01 à 15 fr.) uniques ou totalisées : remise des trois quarts.

Cotes de quinze francs un centime à vingt francs (15 fr. 01 à 20 fr.) uniques ou totalisées : remise de moitié.

Cotes de vingt francs un centime à vingt-cinq francs (20 fr. 01 à 25 francs) uniques ou totalisées : remise d'un quart.

Ces remises sont accordées aux contribuables français qui en font la demande en affirmant :

1° Qu'ils ne sont pas inscrits aux rôles de ladite contribution pour d'autres cotes ;

2° Que la part revenant à l'Etat sur la contribution personnelle-mobilière à laquelle ils sont assujettis dans leur diverses résidences, ne dépasse pas vingt francs (20 francs).

Un règlement d'administration publique déterminera la procédure à suivre pour les demandes en remise.

Quiconque aura sciemment, au moyen d'une fausse déclaration, obtenu ou tenté d'obtenir une remise totale ou partielle de la contribution foncière sera passible d'une amende de cent à deux cents francs (100 à 200 fr.), qui pourra être portée au double en cas de récidive.

. . . .

29 décembre 1897.

. . . .

4. Les taxes auxquelles les communes peuvent, en vertu de l'article précédent, recourir sous la seule réserve de l'approbation préfectorale sont les suivantes :

. . . .

4° Création de taxes égales au maximum, aux taxes en principal établies, déduction faite des majorations résultant des pénalités :

(a) Sur les chevaux, mules et mulets, voitures, voitures automobiles.

Les personnes ayant plusieurs résidences sont, pour les chevaux, voitures, voitures automobiles, mules et mulets, qui les suivent habituellement à Paris, passibles desdites taxes en cette ville, nonobstant les dispositions de l'article 10 de la loi du 2 juillet 1862 ;

(b) Sur les billards publics et privés ;

(c) Sur les cercles, sociétés et lieux de réunion ;

(d) Sur les chiens.

Enfin, les communes pourront établir, dans les conditions de la loi du 5 avril 1884, des centimes additionnels dont le chiffre ne pourra pas dépasser vingt.

. . . .

9 avril 1898.

. . . .

24. A défaut, soit par les chefs d'entreprise débiteurs, soit par les sociétés d'assurances à primes fixes ou mutuelles, ou

les syndicats de garantie liant solidairement tous leurs adhérents, de s'acquitter, au moment de leur exigibilité, des
indemnités mises à leur charge à la suite d'accidents ayant
entraîné la mort ou une incapacité permanente de travail, le
payement en sera assuré aux intéressés par les soins de la
caisse nationale des retraites pour la vieillesse, au moyen d'un
fonds spécial de garantie, constitué comme il va être dit et
dont la gestion sera confiée à ladite caisse.

25. Pour la constitution du fonds spécial de garantie il
sera ajouté au principal de la contribution des patentes des
industriels visés par l'article 1er, quatre centimes (o fr. o4)
additionnels. Il sera perçu sur les mines une taxe de cinq centimes (o fr. o5) par hectare concédé.

Ces taxes pourront, suivant les besoins, être majorées ou
réduites par la loi de finances.

. . . .

13 juillet 1900.

. . . .

2. La contribution foncière des propriétés bâties sera, à
partir du 1er janvier 1901, réglée en raison de la valeur locative de ces propriétés, telle qu'elle résultera de la revision
décennale effectuée conformément à l'article 8, paragraphes 1
et 3, de la loi du 8 août 1890, sous déduction de 25 o/o pour
les maisons et de 40 o/o pour les usines, en considération du
dépérissement et des frais d'entretien et de réparations.

Le taux de cette contribution est fixé, en principal, pour 1901,
à 3,20 o/o de la valeur locative ainsi déterminée.

3. Les propriétaires des propriétés bâties sont admis à
réclamer contre les évaluations résultant de la revision décennale, pendant six mois, à partir de la publication des rôles de
1901 et pendant trois mois, à partir de la publication des
rôles de 1902 et de 1903.

Il n'est pas dérogé aux dispositions qui font l'objet des
articles 7 à 12 de la loi du 8 août 1890.

. . . .

5. Le tarif de la contribution sur les voitures, chevaux, mules et mulets, relatif aux voitures automobiles, qui fait l'objet de l'article 3 de la loi du 13 avril 1898, est modifié de la manière suivante :

(Voir ce tarif dans la première partie).

Sont passibles de la contribution sur les voitures, chevaux, mules et mulets, conformément au tarif ci-dessus, les voitures automobiles non suspendues, si, d'ailleurs, elles sont destinées au transport des personnes.

Les possesseurs de voitures automobiles doivent indiquer, dans les déclarations qu'ils sont tenus de faire, en exécution des articles 11 de la loi du 2 juillet 1862 et 9 de la loi du 23 juillet 1872, la force en chevaux-vapeur du moteur. Les déclarations déjà effectuées seront complétées en ce sens avant le 16 janvier prochain.

. . . .

31 mars 1903.

. . . .

3. Cette taxe sera calculée, à partir du 1er janvier 1903, à raison de cent douze centimes et demi (112 cent. 1/2) par franc du principal de la contribution foncière des propriétés bâties et de soixante-dix centimes (0,70) par franc du principal de la contribution foncière des propriétés non bâties.

Elle continuera à être soumise aux décimes auxquels sont assujettis les droits d'enregistrement.

. . . .

5. Dans les budgets de 1904 et suivants, les conseils municipaux auront la faculté de remplacer par une taxe vicinale le produit des journées de prestation que les communes sont tenues de voter pour les chemins vicinaux.

Ce remplacement pourra porter, soit sur la totalité ou sur une partie de la prestation individuelle considérée isolément, soit, après que celle-ci aura été entièrement convertie, sur la totalité ou sur une partie de la prestation des animaux et véhicules.

La taxe vicinale sera représentée par des centimes additionnels aux quatre contributions directes, en nombre suffisant pour produire une somme équivalente à la valeur des prestations remplacées. Lorsque ce nombre de centimes sera supérieur à 20, la substitution devra être autorisée par le conseil général.

Les redevables pourront se libérer en nature de la taxe vicinale, pourvu qu'elle ne soit pas inférieure à un franc et à condition de déclarer, dans les délais prescrits, qu'ils entendent faire usage de cette faculté.

La libération en nature sera soumise aux dispositions qui régissent la prestation.

Elle s'effectuera soit en journées, évaluées aux prix fixés par le conseil général pour le rachat de la prestation, soit en tâches, d'après un tarif de conversion, arrêté par la commission départementale, sur la proposition du conseil municipal.

Le règlement, établi en conformité de l'article 21 de la loi du 21 mai 1836, sera modifié et complété de manière à assurer l'exécution du présent article.

13 juillet 1903.

17. L'art. 28, paragraphe 1er de la loi du 21 avril 1832 est modifié ainsi qu'il suit :

Tout contribuable qui se croira imposé à tort ou surtaxé adressera sa demande en décharge ou réduction au préfet ou au sous-préfet dans les trois mois de la publication du rôle, mais sans préjudice des délais accordés par les lois pour des cas spéciaux.

Cette demande mentionnera, à peine de non-recevabilité, la contribution à laquelle elle s'applique et, à défaut de la production de l'avertissement, le numéro de l'article du rôle sous lequel figure cette contribution ; elle contiendra, indépendamment de l'indication de son objet, l'exposé sommaire des moyens par lesquels son auteur prétend la justifier.

Il sera formé une demande distincte pour chaque commune.

Les demandes entachées d'un des vices de forme, prévus aux deux paragraphes précédents, seront, avant toute instruction au fond, déposées à la préfecture ou à la sous-préfecture, conformément aux prescriptions de l'article 29 de la loi du 21 avril 1832 ; les intéressés seront avisés en même temps qu'ils sont admis à les régulariser par la simple production des pièces ou indications dont l'absence aura été constatée. La régularisation pourra valablement être faite dans les dix jours qui suivront la réception de cet avis, et dans tous les cas jusqu'à l'expiration des délais fixés pour la présentation des réclamations.

Nul n'est admis à introduire ou à soutenir une réclamation pour autrui s'il ne justifie d'un mandat régulier. Le mandat doit être, à peine de nullité, écrit sur papier timbré et enregistré à moins que la demande à laquelle il s'applique n'ait pour objet une cote inférieure à trente francs ; il doit, sous la même sanction, être produit en même temps que la réclamation lorsque celle-ci est introduite par le mandataire.

Les frais de timbre et d'enregistrement du mandat, sont comme les frais de timbre de la demande compris dans les dépens de l'instance ; ils sont liquidés et attribués ou compensés dans les conditions prévues au dernier paragraphe de l'article 42 de la loi du 28 mars 1897.

Lorsqu'une réclamation n'aura pas été jugée dans les six mois qui suivront sa présentation, le contribuable aura la faculté, dans la limite du dégrèvement sollicité par lui, de différer le payement des termes qui viendront à échoir sur la contribution contestée, à la condition d'avoir préalablement, dans sa demande, manifesté cette intention et fixé le montant ou les bases du dégrèvement auquel il prétend.

Sont abrogées les dispositions de l'article 12 de la loi du 6 décembre 1897 et de l'article 6 de la loi du 11 décembre 1902.

9 décembre 1905.

. . . .

24. Les édifices affectés à l'exercice du culte appartenant à l'Etat, aux départements ou aux communes, continueront à être exemptés de l'impôt foncier et de l'impôt des portes et enêtres.

Les édifices servant au logement des ministres des cultes, les séminaires, les facultés de théologie protestantes qui appartiennent à l'Etat, aux départements ou aux communes, les biens qui sont la propriété des associations et unions sont soumis aux mêmes impôts que ceux des particuliers.

Les associations et unions ne sont en aucun cas assujetties à la taxe d'abonnement ni à celle imposée aux cercles par l'article 33 de la loi du 8 août 1890, pas plus qu'à l'impôt de 4 o/o sur le revenu établi par les lois du 28 décembre 1880 et du 29 décembre 1884.

DÉCRETS

4 août 1855.

1. Les tarifs pour l'établissement de l'impôt qui doit être perçu, au profit des communes, sur les chiens, ne peuvent comprendre que deux taxes dans les limites de l'article 2 de la loi du 2 mai 1855.

La taxe la plus élevée porte sur les chiens d'agrément ou servant à la chasse.

La taxe la moins élevée porte sur les chiens de garde, comprenant ceux qui servent à guider les aveugles, à garder les troupeaux, les habitations, magasins, ateliers, etc., et en général tous ceux qui ne sont pas compris dans la catégorie précédente.

Les chiens qui peuvent être classés dans la première ou dans la seconde catégorie sont rangés dans celle dont la taxe est la plus élevée.

2. La taxe est due pour les chiens possédés au 1ᵉʳ janvier, à l'exception de ceux qui, à cette époque, sont encore nourris par la mère.

La taxe est due pour l'année entière.

. . . .

5. Du 1ᵉʳ octobre de chaque année au 15 janvier de l'année suivante, les possesseurs de chiens devront faire à la mairie une déclaration indiquant le nombre de leurs chiens et les usages auxquels ils sont destinés, en se conformant aux distinctions établies en l'article premier du présent décret.

Ceux qui auront fait cette déclaration avant le 1er janvier doivent la rectifier, s'il est survenu quelque changement dans le nombre ou la destination de leurs chiens.

. . . .

7. Le contrôleur des contributions directes est chargé de rédiger, de concert avec le maire et les répartiteurs, l'état matrice destiné à servir de base à la confection du rôle.

Si le maire et les répartiteurs refusent de prêter leur concours pour la rédaction de l'état matrice, le contrôleur procède à la formation de cet état qui, dans ce cas, est soumis au préfet par le directeur des contributions directes.

En cas de contestation entre le contrôleur et le maire et les répartiteurs, il sera sur le rapport du directeur des contributions directes, statué par le Préfet, sauf référé au ministre de l'intérieur, si la décision était contraire à la proposition du directeur, et dans tous les cas sans préjudice pour le contribuable du droit de réclamer après la mise en recouvrement du rôle.

. . . .

10. Sont passibles d'un accroissement de taxe : 1° Celui qui possédant un ou plusieurs chiens, n'a pas fait de déclaration; 2° Celui qui a fait une déclaration incomplète ou inexacte.

Dans le premier cas, la taxe sera triplée; et dans le second elle sera doublée pour les chiens non déclarés ou portés avec une fausse désignation.

Lorsqu'un contribuable aura été soumis à un accroissement de taxe et que pour l'année suivante, il ne fera pas la déclaration exigée, ou fera une déclaration incomplète ou inexacte, la taxe sera quadruplée dans le premier cas et triplée dans le second.

27 décembre 1871.

. . . .

3. La taxe sur les cercles, sociétés et lieux de réunion est payable en une seule fois, dans le mois qui suit la publication du rôle.

Elle est perçue sur les abonnés, membres ou sociétaires, par les gérants, secrétaires ou trésoriers des cercles, sociétés et lieux de réunion, qui sont chargés d'en verser le montant entre les mains des percepteurs des contributions directes.

. . . .

27 décembre 1871.

1. La taxe établie sur les billards publics et privés, est due pour l'année entière, à raison de chaque billard possédé ou dont on a la jouissance à la date du 1er janvier. Elle est payable par portions égales en autant de termes qu'il reste de mois à courir à la date de la publication du rôle.

. . . .

3. Les possesseurs de billards, soit publics soit privés, doivent en faire la déclaration à la mairie de la commune où se trouvent ces billards.

Les déclarations sont reçues du 1er octobre de chaque année au 31 janvier de l'année suivante.

4. La déclaration est inscrite sur un registre spécial, et signée par le déclarant. Il en est délivré un récépissé mentionnant le nom du déclarant, la date de la déclaration et le nombre des billards déclarés.

Lorsque la déclaration est effectuée par un fondé de pouvoir, le fait est relaté sur le registre et le récépissé.

TABLE DES MATIÈRES

APPENDICE A LA PREMIÈRE PARTIE

DEUXIÈME PARTIE

TROISIÈME PARTIE